RENATO BISPO

DOENÇA
CORPORATIVA

Copyright© 2020 by Literare Books International.
Todos os direitos desta edição são reservados à Literare Books International.

Presidente:
Mauricio Sita

Vice-presidente:
Alessandra Ksenhuck

Capa:
Victor Prado

Projeto gráfico e diagramação:
Gabriel Uchima

Revisão:
Priscila Evangelista

Diretora de projetos:
Gleide Santos

Diretora executiva:
Julyana Rosa

Diretor de marketing:
Horacio Corral

Relacionamento com o cliente:
Claudia Pires

Impressão:
Impressul

Dados Internacionais de Catalogação na Publicação (CIP)
(eDOC BRASIL, Belo Horizonte/MG)

B622d   Bispo, Renato.
          Doença corporativa / Renato Bispo. – São Paulo, SP: Literare Books International, 2020.
          16 x 23 cm

          ISBN 978-65-5922-034-2

          1. Literatura de não-ficção. 2. Administração de empresas – Aspectos psicológicos. 3. Qualidade de vida no trabalho. 4. Saúde mental. I. Título.
                                                                   CDD 658.314

Elaborado por Maurício Amormino Júnior – CRB6/2422

Literare Books International Ltda.
Rua Antônio Augusto Covello, 472 – Vila Mariana – São Paulo, SP.
CEP 01550-060
Fone: (0**11) 2659-0968
site: www.literarebooks.com.br
e-mail: contato@literarebooks.com.br

AGRADECIMENTOS

Agradeço, primeiramente, a Deus, pelos perdões dos meus pecados e pela misericórdia de minha alma. Agradeço à minha esposa, pela paciência e pelo entendimento dos dias ausentes e dos meus filhos, Renato Matheus e Jade Thais, fonte de toda minha inspiração para ser um ser humano melhor.

Não poderia deixar de agradecer, também, à minha maravilhosa mãe, que sempre me ensinou os valores e princípios de Deus. Serei eternamente grato por seu amor.

Agradeço a todos que participaram contando suas histórias, suas vivências, suas dores. Aprecio a coragem por mostrarem suas fraquezas. Aliás, quem não as tem?

Agradeço a todas as experiências que tive no mundo corporativo, boas e ruins. Sem isso, este livro não seria possível.

Agradeço a todas as empresas que sensivelmente se preocupam com seus colaboradores e que dão condições de terem uma vida digna e harmoniosa, mesmo com a pressão de resultados, novas tecnologias, redução de custos, concorrência. Creio de todo o meu coração que tudo isso possa ser possível quando há interesse genuíno nas pessoas.

Confie no Senhor de todo o seu coração e não se apoie em seu próprio entendimento; reconheça o Senhor em todos os seus caminhos, e ele endireitará as suas veredas. Não seja sábio aos seus próprios olhos; tema o Senhor e evite o mal.
(Provérbios: 3:5-7)

SUMÁRIO

INTRODUÇÃO..9

Capítulo 1
SAÚDE MENTAL: É PRECISO CONHECER PARA RECONHECER 17

Como a saúde mental foi entendida ao longo do tempo?........................17
Mas, afinal, o que é saúde mental? 22
O que é trabalho e como ele se relaciona com nossa vida?....................27
Saúde mental e trabalho: uma relação simbiótica........................... 30
Adoecimento mental no trabalho em números 31
É possível trabalhar sem adoecer! 39

Capítulo 2
DESMISTIFICANDO A SAÚDE MENTAL...43

Caminhos para compreender a saúde mental 43
É hora de abandonar os preconceitos 45
Qualidade de vida é qualidade de sentimentos 46
Autoconhecimento: o importante passo na busca por uma vida saudável 49
Sentimentos ruins adoecem o corpo e a mente............................... 52
Exercitando o autoconhecimento 53
O olhar do outro e a parábola da máquina fotográfica 56
Harmonizar e humanizar para equilibrar......................................57

Capítulo 3
ANALISANDO A SAÚDE MENTAL NO MUNDO CORPORATIVO:
O QUE PENSAM OS FUNCIONÁRIOS? 61

Que sentimentos o trabalho desperta na pessoa? 61
O ambiente de trabalho pelos trabalhadores 64
Do desejo manifestado à aplicação do cuidado 73
O cuidado é um direito seletivo? 75

Capítulo 4
ANALISANDO A SAÚDE MENTAL NO MUNDO CORPORATIVO:
COMO AGEM AS EMPRESAS? 77

A relação empresa x trabalhadores ao longo dos tempos 77
A saúde dos trabalhadores impacta nos lucros e resultados da empresa 82
O que as empresas estão fazendo para cuidar dos trabalhadores? 86

Capítulo 5
O IMPORTANTE PAPEL DA CHEFIA NA SAÚDE DA EMPRESA 89

Por que o chefe é capaz de alterar a saúde dos trabalhadores? 89
Diferenças entre um bom e um mau chefe 90
A cultura organizacional e o mau chefe 92
A complexidade do ser humano 93
Uma visão holística da saúde 97
O poder destruidor de um chefe adoecido 99
O microgerenciamento afeta a saúde mental da equipe 103

Capítulo 6
HISTÓRIAS DO COTIDIANO PROFISSIONAL 105

Caso 1: Alex, o gerente sênior 106

Caso 2: Vanessa, a gerente de marketing 109

Caso 3: Eduardo 112

O que essas experiências nos dizem? 115

A arte de liderar 117

Capítulo 7
HABILIDADES E SANIDADE:
ALGUMAS POSSIBILIDADES QUE O AUTOCONHECIMENTO FORNECE 123

Cuidado com as opções milagrosas e de rápido efeito 123

Caminhos e armadilha do autoconhecimento 125

Habilidades para enxergar-se 127

Capítulo 8
ALGUMAS OPÇÕES DE TRATAMENTOS 131

Técnicas para não depender de ninguém 131

As pessoas são parte do patrimônio da empresa 137

Investimentos possíveis para empresas de todos os tamanhos 141

REFERÊNCIAS 150

INTRODUÇÃO

O corpo humano é uma máquina complexa formada por diversas "peças" que se comunicam, articulam-se e resultam na aparência e no funcionamento do mesmo, num processo diário e permanente de transformações. Algumas dessas peças são visíveis, outras invisíveis a olho nu; no entanto, todas existem e são importantes para o bom funcionamento de nosso organismo.

No cuidado diário com nosso corpo, uma parte dele é mais negligenciada do que as demais: nossa mente. Isso ocorre, em parte, porque não o vemos e, como consequência, muitos não a reconhecem como real ou como uma parte que exige atenção e cuidado diário. Existe ainda outro motivo para que isso ocorra: pouco conhecemos a seu respeito e não podemos cuidar do que não conhecemos.

Embora demos pouca atenção a nossa mente, esse órgão tem um poder incomensurável em nosso organismo, exercendo efeito sobre vários campos tangíveis e intangíveis do nosso corpo.

Por isso, é preciso conhecer mais sobre nossa mente e sua influência sobre os nossos sentimentos e comportamentos para podermos domá-la e não sermos domados por ela. Admitir que a mente pode adoecer-nos e aprisionar-nos é o primeiro passo para conseguirmos desenvolver mecanismos que nos livrem desse aprisionamento.

Como escreveu o escritor Michael Arruda, em seu celebre livro intitulado *Desbloqueie o poder de sua mente*, nossa mente pode ser entendida como uma árvore formada por vários estágios de desenvolvimento e com ramificações crescendo por várias direções. A maneira como cultivamos essa árvore, desde sua idade mais tenra, define como será seu crescimento e a forma que terá na fase adulta.

Isso implica dizer que a forma como processamos nossas experiências cotidianas, em algum nível, contribui com o desenvolvimento de nossa "árvore" mental. Nesse sentido, vale lembrar que cada pessoa é um ser único, formado por uma história única, e que essa história marca nossa maneira de interpretar e nos posicionar no mundo.

Nenhuma pessoa processa uma experiência da mesma forma que outra. Cada um significa e ressignifica suas experiências de uma maneira particular. Nem mesmo irmãos gêmeos, que compartilharam todo um período de suas vidas, responderão da mesma forma às experiências vividas.

Na individualidade de nossa existência guardamos experiências, sentimentos, medos e desejos diversos. Muitos desejam alcançar sucesso, prosperidade financeira, constituir uma carreira, amar e ser amado, ter filhos ou viajar, por exemplo. Mas até mesmo quando falamos em desejos, poucos são aqueles compartilhados por muitas pessoas. Desses, possivelmente você, caro leitor, tenha lembrado-se de dois: a felicidade e a saúde.

Manifestando-se como utopia, como aspiração de uma condição que precisará permanentemente ser lapidada para ser perfeita, ou como um estado concreto, o fato é que passaremos grande parte de nosso tempo percorrendo esses desejos, ou frustrados por não os dominar. Nessa busca incansável, muitos apostam no trabalho como o meio pelo qual será possível concretizar seus desejos, como se esse fosse o único caminho possível para materializá-los.

Ao apostarmos nesse caminho, parece que nos esquecemos do fato de que não é só de prosperidade e realizações que resultam os esforços de nossos trabalhos. Ele também nos leva a trilhar batalhas cotidianas para bater as metas, atender aos prazos, realizar tarefas volumosas e das quais podemos não gostar, ou ainda termos que manter relações sociais que nos obrigam ao convívio com outro, exercício naturalmente desafiador, mesmo quando falamos de pessoas que amamos e com as quais temos boa relação.

Mantermo-nos inspirados, motivados, felizes e saudáveis é um exercício árduo tendo em vista que estamos em ambientes de trabalho que privilegiam as regras do tempo, da produtividade "a atacado", a evolução tecnológica que acelera as produções e inibe a criatividade, um ambiente que incentiva a competitividade e permite a comunicação violenta entre as pessoas.

Com o tempo, a esperança depositada no trabalho vai dando lugar à desesperança e ao desânimo. A conquista da felicidade parece tornar-se mais distante e vemos nossa saúde sucumbir às relações tóxicas a que somos expostos cotidianamente.

Some aos fatores anteriores os casos de assédio moral, assédio sexual, jornadas exaustivas, exigência de metas abusivas, eventos traumáticos, perseguições aos trabalhadores por chefes despreparados e isolamento dos trabalhadores. É possível que, ao ler isso, você tenha se lembrado de algumas experiências desagradáveis pelas quais já passou. Isso não surpreende. Na realidade, quase todos nós já vivenciamos ou temos alguém próximo que vivenciou alguns desses episódios danosos.

No mundo extremamente competitivo de hoje, a tônica das empresas é conquistar cada vez mais resultados fazendo com que a pressão do dia a dia recaia sob os funcionários. Apesar de ser comum, no sentido dessa prática ser recorrente, ela não é normal, tampouco salutar e é também questionável em termos produtivos. Parte do problema reside no modelo de gestão e, nesse sentido, a atuação dos líderes é de extrema importância, porque essa é uma relação que tem o poder de motivar ou desmotivar os funcionários.

Aqui, novamente, há uma grande chance de você lembrar de algum chefe que promove a infelicidade dos seus colaboradores. Geralmente, esses são pessoas que desconhecem o limite entre a pressão por resultados e a falta de respeito; são centralizadores, vaidosos, autoritários, controladores, inibidores da criatividade e da motivação pessoal podendo, até mesmo, ser agressivos.

Eles podem ser muito bem-sucedidos e considerados bons por entregar os números desejados pela empresa. Mas se engana quem supõe que essas sejam atitudes de alguém que goze de plena saúde mental. No geral, o que temos é exatamente o contrário: uma pessoa com problemas, as vezes inconscientes, que racionaliza seus comportamentos de forma a mascarar a distonia emocional e o sofrimento interno que lhe acompanha. Isso muitas vezes funciona; afinal, por certo ponto de vista sua forma de gestão funciona bem e isso ajuda a construir no imaginário coletivo a noção de que se trata de um modelo de chefe.

Muitos podem perguntar-se qual o problema se esse chefe entrega os resultados esperados. Simples: o problema é que os resultados entregues são conquistados à custa do adoecimento desse chefe e daqueles à sua volta.

O fato é que vivemos em uma sociedade onde o mundo corporativo está repleto de pessoas com distonias ou com doenças mentais, umas mais leves outras mais agudas, e poucos com plena saúde mental. Há ainda uma parcela significativa da população que vem adoecendo em razão das formas tóxicas como os relacionamentos e a gestão no ambiente de trabalho onde ocorrem. Esses comportamentos são, com frequência, estimulados pela empresa que se guia por uma falsa ideia de produtividade, ignorando o fato de que com esse modelo de gestão e tipo de chefia ela está reduzindo seu potencial e lucro.

Infelizmente, essa é a regra do mundo corporativo e muitos funcionários, receosos de buscar outros espaços de trabalho e com isso só mudar de problema, permanecem nesses ambientes tóxicos. Nem o direito de adoecer é devidamente respeitado. Aqueles que assumem ter adoecido e os que não se sujeitam a relações adoecedoras em seus ambientes de trabalho são estereotipados como fracos ou problemáticos. Aí percebemos como o tema está envolvido por um tabu, que dificulta cuidarmos das doenças mentais como cuidamos de outras doenças.

Esse tema foi alçado à condição de tabu sobre o qual poucos conhecem e que não se deve falar a respeito sob risco de ser julgado e tratado de forma pormenorizada, inconfiável ou como uma pessoa problemática. Por outro lado, vivenciamos uma mudança que resultou na revisão da área de Recursos Humanos (RH) das empresas e na forma como os funcionários são denominados: agora todos são colaboradores ou líderes.

Dada as alterações no RH das empresas, esses setores deixaram de ser mero departamento pessoal e se tornaram peça-chave no sucesso da organização. Se antes o RH priorizava o conhecimento técnico e o mecanicismo do profissional, agora a preocupação central se volta para a gestão de pessoas por meio da valorização individual e da harmonização das relações.

Essa não foi apenas uma mudança de pouca importância; ao contrário, foram mudanças epistemológicas porque alteraram a forma das empresas compreenderem a importância de seus funcionários e do RH. Todos, sem exceção, são fundamentais no sucesso de uma empresa e isso a pandemia que assolou o mundo em 2020 deixou evidente, demonstrando a todos a importância de funções antes pouco valorizadas pela maioria, como a dos profissionais de limpeza.

Valorizar as habilidades pessoais e promover uma gestão orientada para a participação tornou-se imperativo na recente estratégia empresarial que une recursos humanos com abordagens de negócios, transformando informação em inteligência de mercado e otimizando tempo, investimentos e procedimentos.

Contudo, não podemos dizer que essa mudança concluiu-se. Não só porque as empresas encontram-se em estágios diferentes de prática do seu RH, mas também porque estão experimentando fórmulas diversas para atingirem resultados melhores. Podemos, inclusive, dizer que na maioria dos casos o tratamento dado à gestão de pessoas ainda é superficial e não dá conta da complexidade imposta pelo aparelho psíquico do ser humano.

Apesar desse destaque à área de RH de uma empresa, este livro não trata desse assunto em específico. Então, exatamente, que contribuições traz este livro? Bem, esta obra pretende demonstrar como disfunção emocional e doenças mentais são recorrentes e encontram no meio corporativo um local ideal para se expandirem. Ao entrar nessa seara, o que se pretende é contribuir para desmistificar e desestigmatizar o foi construído pelo senso comum sobre as doenças mentais, como se ocorressem em pessoas frágeis ou desequilibradas.

A ideia de escrever este livro foi ganhando corpo com o tempo, ao longo dos meus muitos anos de atuação no mundo corporativo e, mais tarde, com assessoria para aconselhamento de práticas para atenção da saúde mental dos funcionários. Deparei-me com uma quantidade significativa de pessoas com disfunções e doenças emocionais e, dentre essas, muitas sem a consciência sobre seus sofrimentos e causas adoecedoras.

Pude observar que muito esforço, investimentos, treinamento e contratação de consultoria especializada tem sido feito pelas empresas na tentativa de estabelecer a harmonia emocional de seus funcionários. Todo esse esforço, quase sempre, tem surtido pouco efeito, justamente porque as causas do problema não estão sendo devidamente trabalhadas.

Assim me convenci da importância de empreender esforços para que as pessoas possam superar esse tabu e as empresas sejam melhor orientadas e, juntas, possam iniciar sua verdadeira caminhada em busca de uma vida mais feliz, saudável e produtiva.

Esta obra enfatiza o papel do gestor, do líder, na saúde mental da empresa, mas não pretende dialogar apenas com esse público; ao contrário, esta obra se destina a todos do meio corporativo, sem exceção. Afinal, todos em um ambiente de trabalho precisam comunicar-se, vivenciar experiências e estão sujeitos a adoecer a si e aos outros. Qualquer um que ler os capítulos que se seguem, independentemente da posição que ocupam na empresa, reconhecer-se-ão em algum momento e, sem medo de errar, terão *insights* sobre como se cuidar e desenvolver inteligência emocional.

Desenvolver a consciência sobre as causas de nosso sofrimento, do que nos leva a manter padrões mentais, manter comportamentos nocivos e do que nos impede de criar fórmulas para remoção dos obstáculos que nos distanciam de nosso desejo é o exercício mais essencial e urgente. Percorrendo esse objetivo, duas frentes são destacadas dentre as sugestões que se seguirão: uma delas é orientar os liderados a buscarem desenvolver autoconhecimento e inteligência emocional para saber lidar com os estímulos ruins de forma mais assertiva. A outra se volta aos líderes e às empresas sugerindo a reciclagem de seus comportamentos/culturas organizacionais e o investimento em processos mais eficazes.

Dialogar sobre saúde mental não é tarefa fácil. Além do tabu que envolve o tema, ao refletirmos sobre essa condição no mundo corporativo, adentramos em um universo multifatorial cujas variantes incluem aspectos relacionados à Economia, à Psicologia, à Medicina, à Filosofia, à Sociologia, à Administração e ao Direito, para citar alguns campos diretamente envolvidos em escalas significativas.

Considerando a complexidade e profundidade que circulam o tema, este livro traz, em sua primeira parte, um conteúdo de caráter mais imaterial, visando fornecer subsídios para a compreensão teórica e filosófica do tema. É feita uma breve descrição histórica do entendimento sobre o conceito de saúde mental, chegando aos dias atuais, de modo que o leitor possa desconstruir possíveis compreensões equivocadas e preconceituosas que tenha e que de nada ajudam na evolução individual do que buscamos. Afinal, só podemos cuidar daquilo que conhecemos e reconhecemos.

Após, são apresentados dados e informações sobre como os funcionários interpretam seus ambientes de trabalho, como se sentem neles, como avaliam sua saúde mental e a atuação de seu chefe e empresa. Seguimos, então, para olhar a empresa; refletir sobre as implicações do adoecimento mental nos resultados esperados e sobre os esforços que vêm sendo feitos ao longo das últimas décadas.

Depois de entrarmos no campo teórico e observarmos os efeitos práticos, segundo funcionários e empresas, voltaremos nossa atenção para o papel do chefe no adoecimento mental dos funcionários e conheceremos algumas histórias que nos permitirão reconhecer as sutilezas e algumas formas adoecidas e adoecedoras de comportamento.

Ao final, você, caro leitor, será levado a conhecer caminhos e técnicas diversas para auxiliar na sua busca por felicidade e saúde mental. Nesse momento, sugestões voltadas para as empresas também são fornecidas, lembrando-as de que esses são investimentos valiosos e possíveis de serem feitos por qualquer empresa, de qualquer tamanho e ramo. Recomenda-se a prática ardorosa das lições veiculadas.

À nós, seres humanos, que dominamos quase todas as coisas para nossa sobrevivência e bem-estar, falta desenvolvermos a habilidade de dominarmos a nós mesmos, nossa mente e ação, completando tudo o que precisamos para deixar aflorar a felicidade e a saúde em nós. Assim, espero que este livro lhe ofereça a contribuição necessária para que dê importantes passos no desbravamento dos caminhos que o conduzirão ao tão desejado estado de felicidade e saúde.

Boa leitura!

Capítulo I
SAÚDE MENTAL: É PRECISO CONHECER PARA RECONHECER

COMO A SAÚDE MENTAL FOI ENTENDIDA AO LONGO DO TEMPO?

Começando pelo desafio de rascunhar uma definição sobre saúde mental, devemos logo saber que não existe um consenso entre estudiosos e profissionais. Nem mesmo significativas organizações no campo da saúde se arriscam a delimitar oficialmente o conceito que abrange o bem-estar emocional das pessoas. Temos, contudo, uma primeira pista ao pensarmos que saúde mental é algo mais amplo que a ausência de transtornos mentais, não se limitando à manifestação de algum tipo de transtorno.

O caminho que percorreremos para compreensão do que é e de como reconhecemos o estado de nossa saúde mental inicia-se com um breve levantamento histórico sobre este tema ao longo dos séculos. Os povos primitivos, quando identificavam algum comportamento fora do padrão estabelecido à época, acreditavam que determinada pessoa estaria "possuída", agindo sob influência de forças sobrenaturais que justificavam tal comportamento excepcional. Buscando restabelecer o equilíbrio de tal pessoa, lançavam mão de rezas e rituais na tentativa de reverter o quadro de possessão. Quando os banhos, os cantos, as rezas e toda sorte de coisas não resultavam no esperado, a pessoa era abandonada e passava a viver isolada.

Na cultura grega, possessões demoníacas foram tidas como a explicação para situações de agravos mentais, e a oferta de ajuda para pessoas que se mantinham agitadas ou agressivas variava de técnicas de tortura a atividades recreativas. Mais uma vez, aqueles que não alcançavam os resultados esperados eram condenados ao flagelo.

Por outro ângulo, a história mostra-nos que, na Grécia Antiga, o transtorno mental era visto como manifestação dos deuses; e os ditos "loucos", reconhecidos e valorizados socialmente, tidos como visionários e cultos. As palavras destes poderiam interferir no destino das pessoas.

Hipócrates, filósofo grego conhecido como o Pai da Medicina, avançou na compreensão da mente humana, rompendo com a questão mística e acreditando que as emoções e ideias residiam no cérebro. Foi ele quem classificou o adoecimento mental em *desequilíbrios de humores*, elencando três distúrbios mentais – mania, melancolia e frenesi, além do reconhecimento da epilepsia e da histeria em mulheres como patologias. Certamente que há um avanço com essas contribuições; porém, ainda não ficava bem definido um tratamento para as situações identificadas.

Há um fato curioso a esse respeito, quando o estímulo à atividade sexual se encaixava como prescrição para os casos de histeria feminina. Aliás, na visão do filósofo, somente elas eram capazes de desenvolver essa doença; homens não poderiam sofrer disso.

Ainda que Hipócrates tenha defendido que o adoecimento mental estava relacionado às emoções, vigorou por muitos séculos o entendimento que permanecia associando os distúrbios mentais ao sobrenatural. Nos primórdios do Cristianismo, atribuíram-se os problemas mentais à ira divina; e quem era acometido por algum transtorno, era tido como pecador. A igreja oferecia acolhimento, alimentos e educação aos que apresentavam leves desequilíbrios e exorcismo, jejum e cremação nos casos mais graves.

A primeira instituição para tratar da saúde mental só foi fundada no início do século XV quando, em 1410, a Espanha inaugurou o hospital psiquiátrico da história mundial, na cidade de Valência, que funcionava como um depositário não só de pessoas com transtornos, mas de outras que a sociedade pretendia manter afastadas, como prostitutas, pobres, feiticeiros e presidiários. Antigos leprosários começaram então a ser utilizados para o mesmo fim: o isolamento.

Reparem que as visões da época sobre os transtornos da mente equiparavam as pessoas acometidas aos transgressores e criminosos, o que as colocava na condição de ameaça à sociedade. Uma tímida ruptura com os maus-tratos dirigidos à saúde mental inicia-se com o nascimento da Psiquiatria no século XVIII, em meio aos avanços científicos e à agitação causada pela Revolução Francesa ao mundo das Ciências. Naquele período, o médico francês Philippe Pinel (1745-1826) lançava um novo olhar ao interpretar os transtornos mentais como resultantes de excessiva exposição a situações estressantes ou por danos hereditários responsáveis por alterações patológicas no cérebro.

A partir de 1760, o cenário da Revolução Industrial passou a considerar a população como força de trabalho, trazendo a visão capitalista do lucro, onde os que não possuíam condições de exercer atividades laborais ou que não fossem considerados produtivos, como pessoas com alguma deficiência ou transtorno, eram colocados à margem, expostos à barbárie, à pauperização e à própria sorte.

Outras perspectivas de tratamento para os transtornos e adoecimentos mentais foram inauguradas nos séculos XIX e XX. Nessa lista aparece a hipnose; a eletroconvulsoterapia, conhecida popularmente como eletrochoque; a lobotomia, cirurgia cerebral para isolar lobo frontal e tálamo; e o uso de medicamentos como o lítio, a Imipramina e a Clorpromazina para o tratamento da mania, depressão e esquizofrenia.

É nesse contexto que se destaca a psicanálise de Sigmund Freud, conferindo o conceito de somatização ao incorporar a ideia de mente-corpo, trazendo a concepção de consciente e inconsciente, este último responsável pela memória traumática do ser humano e contribuindo para a compreensão da influência do meio e da cultura nos comportamentos reprimidos desencadeadores de adoecimento emocional.

No início dos anos 1960, a experiência do psiquiatra Franco Basaglia, na Itália, começou a produzir modificações na forma de assistência prestada aos doentes mentais, trazendo uma atenção mais humanizada ao sujeito e introduzindo a questão da inclusão social a este segmento, o que se seguiu em um movimento mundial conhecido como Reforma Psiquiátrica, em que o primeiro passo consistia na desinstitucionalização da loucura, ou seja, fazer com que as pessoas com transtorno voltassem a integrar a sociedade geral.

A organização dos ex-internos dos hospitais psiquiátricos em cooperativas de trabalho, a construção de residências coletivas para eles e a inserção nas artes em suas múltiplas manifestações representaram, ali, possibilidades reais dessa inclusão social pretendida.

Amarante, ao falar da ruptura com a psiquiatria, em seu livro *Saúde mental e atenção psicossocial*, traz uma visão do viés humanitário nas políticas de atenção à loucura e outros transtornos no seguinte fragmento que conta que:

> **Franco Basaglia, em um de seus últimos escritos, confessou que se um dia a história desta experiência fosse relatada, ele preferiria que não fosse por meio de datas, números de atos legislativos ou portarias de serviços, mas pela história de vidas**

> que foram reinventadas, reconstruídas, redescobertas a partir desse processo de transformação.
> **(AMARANTE, 2007)**

No Brasil, a Reforma Psiquiátrica, em concomitância ao Movimento de Reforma Sanitária, ocorreu nas décadas de 1970 e 80, em pleno processo de redemocratização do país, culminando com a criação do SUS, com duras críticas ao modelo hospitalocêntrico, até então predominante, e com a consequente implementação das redes de atenção extra-hospitalares.

Nessa direção, inúmeros hospitais psiquiátricos tiveram as portas fechadas devido às situações de maus-tratos aos internos e pacientes, num movimento que ficou conhecido como Luta Anti-Manicomial. Para quem quiser aprofundar-se no tema, vale a pena assistir ao documentário *Em Nome da Razão* (1979), do cineasta Helvécio Ratton, que retrata o cotidiano dos pacientes internados no Hospital Colônia de Barbacena, unidade fundada em 12 de outubro de 1903 na cidade de Barbacena, Minas Gerais.

Ainda sobre o trato da saúde mental em nível mundial, literaturas e leis foram construídas a partir das experiências humanizadas, trazendo um olhar de proteção integral ao sujeito portador de transtornos, assim como a prevenção e assistência aos adoecimentos relacionados ao universo das emoções. O que se percebe atualmente, embora muito ainda esteja por ser alcançado, é um avanço no que se refere à compreensão de saúde mental de forma a considerar suas múltiplas facetas e, de certa forma, rompendo com estigmas, paradigmas, preconceitos e discriminações.

Passear pela interpretação histórica sobre saúde mental nos ajuda a verificar que a construção linear de um conceito acerca do tema é dificultada à medida que suas antagônicas compreensões convivem no mundo em que lidamos hoje.

Como dito antes, apesar dos progressos, a pessoa com transtorno mental, ou mesmo aquela que apresenta um quadro depressivo ou maníaco, enfrenta hostilidade em diversos ambientes e ocasiões. Isso porque persiste uma visão conservadora e higienista de que a "loucura" não deva desfilar pelas ruas, ou que o depressivo não trabalha bem e, mais do que isso, que suas funções produtivas no mundo do trabalho são prejudicadas pelos enfrentamentos no campo da saúde mental.

Mas, afinal, o que é saúde mental?

Agora então podemos delinear um pouco mais sobre os conceitos de saúde e adoecimento mental, considerando as exigências que são postas nesta nossa sociedade e as implicações que são geradas nas nossas relações sociais e de trabalho. Haveremos, pois, de nos considerar saudáveis emocionalmente do ponto de vista de não estarmos em algum tipo de tratamento? Seria esse o termômetro medidor de nossa saúde mental? Como enfrentar os percalços da vida cotidiana sem adoecer? É possível blindar-se do esgotamento e evitar o desenvolvimento de síndromes? E o estresse onde fica? Há alguém que sobreviva nesse contexto sem se deixar atingir por ele? A vida parece-lhe sem sentido em alguns momentos? Na maioria deles? Essas são questões para pensarmos juntos e podermos compreender melhor a nós mesmos, aos mecanismos externos e à nossa relação com o outro.

Do ponto de vista epistemológico, o termo 'saúde' vem do latim *salus (salutis)*, com o significado de salvação, conservação da vida, cura, bem-estar, um 'estado positivo do viver', não incluindo em seu horizonte o universo da doença. O termo era aplicável a todos os seres vivos, em especial ao ser humano, por meio da prática de hábitos harmoniosos em diferentes esferas, como a alimentação, a atividade sexual, as tradições morais, as manifestações religiosas e políticas, dentre outros. Vejam que existe uma amplitude da concepção de saúde em sua origem, característica que vai sendo reduzida com o desenvolver da sociedade moderna.

No momento em que a Medicina se desenvolve como ciência e ciência diagnóstica, sob forte influência da corrente positivista, a saúde passa a ser compreendida, ao longo do século XX, como ausência relativa ou total de doença, tanto as individuais, como as coletivas ou epidemiológicas. Assim, ser sadio passa a significar não estar doente, não ser portador de patologia ou, ainda, apresentar parâmetros de normalidade sintomática.

Em 1948, por ocasião de influências de outras correntes um pouco mais progressistas, a Organização Mundial da Saúde introduz um novo conceito de saúde:

> **Saúde é um estado de completo bem-estar físico, mental e social e não apenas a mera ausência de doença ou enfermidade. (Organização das Nações Unidas – OMS, 1948)**

Ponderemos essa definição por ela iluminar algumas questões que serão importantes em nosso prosseguimento. O primeiro destaque é para o rompimento com a concepção de saúde como ausência de doença, o que representou, à época, reformulações nas relações de cuidado e prevenção. Contudo, percebam que existe ali uma afirmação absoluta, fechada em si, e que, por isso mesmo, gera-nos dúvidas. Que estado seria esse de "completo bem-estar físico, mental e social"? Algum dia poderemos experimentá-lo? Parece-nos um tanto utópico o referido equilíbrio proposto; porém o conceito está em vigência até hoje. Vamos além.

E por estarmos aqui no exercício da compreensão dos aspectos que permeiam a saúde mental, é importante dizer que Freud dissertou sobre a impossibilidade de atingir-se uma felicidade perfeita. Segundo ele, a sociedade passou a configurar-se como tal a partir do momento em que os homens optaram por um pacto entre si, em que trocaram uma parcela de sua liberdade pulsional por um pouco de segurança. Isso quer dizer que a civilização é baseada na renúncia, o que gera frustração e mal-estar, em troca de benefícios para uma convivência menos selvagem. Contudo, o abdicar-se dos impulsos em prol da saúde social reverbera em um constante estado de tensão, que leva ao adoecimento a longo prazo.

Na 8ª Conferência Nacional de Saúde, realizada em Brasília, no ano de 1986, momento histórico da Reforma Sanitária, em que ganhou forma o Sistema Único de Saúde – SUS, percebeu-se a necessidade de ampliação do conceito de saúde, apontado no relatório final como:

> **Uma resultante das condições de alimentação, habitação, educação, renda, meio ambiente, trabalho, transporte, lazer, liberdade, acesso à posse de terra e a serviços de saúde. (CNS,1986)**

Claramente, a consideração de tais aspectos incidiu ao Estado a responsabilização sobre a saúde, tendo este o dever de garantir condições dignas de vida à população, assim como a universalidade de acesso e integralidade junto às demais políticas públicas.

Com a consolidação do SUS nos anos 1990, a atenção à saúde mental, especificamente, começa a concretizar-se e vamos agora entender melhor seus fundamentos. Novamente, recorremos à Organização Mundial de Saúde, agora em sua argumentação sobre saúde mental, visto que não há uma definição oficial:

> Saúde mental é um termo usado para descrever o nível de qualidade de vida cognitiva ou emocional. A saúde mental pode incluir a capacidade de um indivíduo de apreciar a vida e procurar um equilíbrio entre as atividades e os esforços para atingir a resiliência psicológica. Admite-se, entretanto, que o conceito de saúde mental é mais amplo que a ausência de transtornos mentais. (OMS, 1997)

Primeiramente, visto o percurso pelo qual transitaram a saúde, as Ciências Médicas e a Psicologia, podemos referenciar a saúde mental como um campo de conhecimento e de atuação no âmbito das políticas públicas de saúde que não se esgota na Psiquiatria; pelo contrário, exige pluralidade, intersetorialidade, transversalidade de saberes e intervenção multiprofissional. Segundo Amarante:

> Saúde mental não é apenas psicopatologia, semiologia. (...) Não pode ser reduzida ao estudo e tratamento de doenças mentais. Na complexa rede de saberes que se entrecruzam na temática da saúde mental estão, além da psiquiatria, a neurologia e as neurociências, a psicologia, a psicanálise (...), a fisiologia, a antropologia, a filologia, a sociologia, a história, a geografia (esta última nos forneceu, por exemplo, o conceito de território, de fundamental importância para as políticas públicas. (AMARANTE, 2007)

O mesmo autor complementa que:

> Saúde mental é um campo bastante polissêmico e plural na medida em que diz respeito ao estado mental dos sujeitos e das coletividades que, do mesmo modo, são condições altamente complexas. Qualquer espécie de categorização é acompanhada do risco de um reducionismo e de um achatamento das possibilidades da existência humana e social. (AMARANTE, 2007)

Podemos agora organizar alguns dos nossos pensamentos para continuarmos prosseguindo. Sabemos que saúde não é ausência de doenças e que saúde mental não significa ausência de transtornos mentais. Sabemos também que a definição de saúde mental e da loucura atravessou os tempos, modificando-se por meio da incorporação de novos olhares e tratos à questão, embora ainda persistam os estigmas àqueles que, de alguma forma, enfrentam problemas de ordem emocional e funcional. Podemos dizer, também, que compactuamos no entendimento de que, diante de tudo que conhecemos agora, seria um risco delimitar um conceito único para saúde mental, visto que a pluralidade e o movimento estão presentes em sua história e construção.

Para identificarmos o quão equilibrada está nossa saúde mental, podemos utilizar como termômetro o sentimento de bem-estar consigo e com os outros, também notando com que rapidez e intensidade as adversidades nos afetam e de que modo lidamos com os sentimentos desconfortáveis, tais como tristeza, medo, ódio, ciúmes, culpa e frustrações. Em outras palavras, podemos medir nossa saúde mental a partir da percepção positiva que temos de nós mesmos; do reconhecimento de nossas realizações; da existência de desejos por novas conquistas; de nossa capacidade de integração (socialização) e da nossa resposta emocional a tudo que nos confronta.

Importante que não percamos de vista o fato de que todos nós nos sentiremos fragilizados em determinados momentos. Encontrar os mecanismos que nos ajudam a superar é um dos aprendizados importantes nesse campo. A frequência, intensidade e, sobretudo, nossa capacidade de resposta indicarão o quão urgente e com que dinâmica devemos cuidar de nossa saúde mental.

Vale frisar que entendemos que o cuidado com a saúde mental, assim como o cuidado com a saúde física, deve ser um exercício cotidiano, devendo ser intensificado sempre que nos sentirmos mais fragilizados ou cansados mental e emocionalmente.

A partir de agora, vamos poder adentrar na relação entre saúde mental e trabalho, tema vastíssimo e que não pretendemos esgotar nesta singela introdução.

O que é trabalho e como ele se relaciona com nossa vida?

Podemos arriscar ao afirmar que a saúde mental vem sofrendo modificações desde a Revolução Industrial, que estipulou jornadas de trabalho excessivas, transformou os homens em força de trabalho assalariada e, com isso, alterou a relação dos homens com o meio e consigo mesmos.

Ao longo do modelo de produção capitalista, novos desafios vêm sendo impostos aos trabalhadores, que cada vez mais sentem os impactos da precarização das condições de trabalho, percebidas por conta da excessiva carga de responsabilidades a qual estão submetidos; da exigência de geração de resultados rápidos e precisos, postas às exigências de superação de elevadas metas de produção, visando a acumulação e lucratividade dos empregadores; da flexibilização dos direitos trabalhistas; do desemprego estrutural, que faz com que aceitem tais condições, sob o risco de perderem seus postos.

Karl Marx, um dos mais importantes estudiosos da categoria trabalho, reflete em seu livro *Manuscritos econômico-filosóficos* (1844 [2008]) que:

> O trabalho é exterior ao trabalhador, isto é, não pertence à sua natureza, que não se realiza no seu trabalho, que se nega nele, que não se sente à vontade, antes se sente infeliz, que não desenvolve nenhuma energia física ou mental que seja livre, mas antes que se mortifica e arruína o seu espírito. O trabalhador, assim, só é ele próprio quando não trabalha, e no seu trabalho sente-se fora de si próprio. O seu trabalho, por isso, não é voluntário, mas forçado. Não é a satisfação de uma necessidade, mas somente uma forma de gratificar a necessidade de outrem.

Nesta passagem, ele está iniciando sua discussão sobre alienação, aspecto central em sua obra e que vai explicar os motivos pelos quais o homem, a partir do trabalho nos moldes das exigências do capitalismo, vai se distanciando de sua essência.

De maneira superficial, podemos dizer que Marx definia o trabalho como processo da ação do homem sobre a natureza. Agindo sobre a natureza exterior e a modificando, ele modificaria a sua própria natureza. Em outras palavras, tendo como impulso a supressão de suas necessidades, o homem vem, ao longo da história, transformando a natureza por meio do trabalho.

Essa capacidade de transformar e de autotransformar-se a partir do meio é o que garante a sobrevivência da espécie. Ainda que pouco ou mal compreendido, o pensador, ao desenvolver suas teorias, queria dizer que a dicotomia homem-natureza produz um efeito na sociedade, principalmente nas relações sociais de trabalho:

> **Nesse sentido, a produção da vida real não pode ser separada da vida comum por meio da concepção de uma "essência humana" denominada de consciência, sob pena de se promover a separação da natureza e da história, por meio da exclusão desta das relações do homem com a natureza. (MARX; ENGELS, 1984)**

Não poderemos debruçar-nos sobre o tema, mas, para os que quiserem se aprofundar, vale a pena buscar uma leitura mais específica para compreender melhor a obra de Marx e sua contribuição para o entendimento da relação entre trabalho e ser social.

Somos convidados a refletir sobre isso quando pensamos em nossa relação com o meio. Realmente temos consciência de nossas ações? Sabemos por que executamos determinada ação? Se não vemos os resultados dela, podemos dimensionar seus alcances? O fazer mecanizado, ou fragmentado, produz algo que dimensionamos? Agindo assim, temos nossas necessidades suprimidas?

Há quem defenda que, desde que o homem perdeu o fio condutor de suas atividades laborais, o que faz então é reproduzir e não mais produzir. E o que isso significa? Talvez esteja aqui o alicerce de muitas de nossas angústias, pois a produção exige reflexão, enquanto a reprodução é automática, aleatória e, convenhamos, aparentemente, de mais fácil execução. Os resultados desse processo aparecem a longo prazo, na história da humanidade, com o surgimento de um ser humano cada vez mais desconectado de si e do seu entorno, capaz de agir sem questionar.

Saúde mental e trabalho: uma relação simbiótica

Dando continuidade ao nosso esforço, é possível estabelecer uma relação entre trabalho e sofrimento, visto que a atividade laboral pode desencadear angústia e frustração nos indivíduos, como consequência da dificuldade em significar o seu ofício a partir da falta de autonomia dada aos trabalhadores. A rigidez normativa das organizações empregatícias, públicas ou privadas, vem para dificultar a criação de mecanismos de valorização de seus colaboradores, que vão tornando-se desmotivados e apáticos. As altas exigências, tanto de qualificação, como de execução de metas e acúmulo de funções, por exemplo, tende a aumentar o grau de insatisfação e estresse emocional nas pessoas. Em casos mais complexos, estes incômodos iniciais podem desencadear processos de adoecimento, levando a licenças, afastamentos e desligamentos funcionais.

Partindo do pressuposto de que o sofrimento no trabalho é um sofrimento social, como enfrentá-lo? Embora ele se dê em um ambiente coletivizado, é sentido individualmente e, como apontamos anteriormente, muitos optam por não os explicitar, por medo de perderem seus empregos, ou por receio de serem julgados e estigmatizados.

As empresas privadas, assim como as instituições públicas, não estão preparadas adequadamente para lidar com o adoecimento de seus trabalhadores. São raros os exemplos de atenção à saúde mental desenvolvidos no ambiente laboral. E, mesmo que assim não o fosse, seria suficiente a implementação de programas de saúde voltados ao cuidado dos aspectos emocionais e psíquicos? Haveria de trazer resultados se permanecesse a dicotomia corpo-mente? Ou, ainda mais aprofundado, cuidar do funcionário sem modificar as exigências e precarizações, sem mexer no fator lucratividade, poderia dar certo? São questões que vamos deixar para a reflexão.

Karla Baêta, responsável pelo departamento de Saúde do Trabalhador do Ministério da Saúde, explica que os "riscos à saúde mental devem ser identificados e geridos da mesma forma lógica e sistemática que outros riscos de saúde e segurança no local de trabalho". Em conferência[1] da Associação Nacional de Medicina do Trabalho, ela ressaltou que:

> O reconhecimento por parte dos empregadores e dos trabalhadores da relação entre o trabalho e o adoecimento mental é o primeiro passo para a melhoria dos ambientes e processos, resultando na prevenção destes agravos e na promoção da saúde do trabalhador.

Adoecimento mental no trabalho em números

Falemos agora das doenças de maior ocorrência no mundo do trabalho relacionadas ao campo psíquico. Para se ter uma ideia, a Organização Mundial de Saúde (OMS) lançou um estudo em 1997 apontando que 30% dos trabalhadores são acometidos por transtornos mentais leves e cerca de 5 a 10% por transtornos mentais graves.

Não obstante o Brasil transmitir uma ideia de país tropical festivo e dotado de uma população alegre, capaz de brincar e abstrair as adversidades, esta imagem está não completamente errônea, mas esconde uma dura realidade: os brasileiros são um dos povos mais acometidos por doenças mentais. Segundo dados de 2015 divulgados pela OMS, o Brasil é o primeiro no *ranking* internacional em número de pessoas com transtornos de ansiedade (18,6 milhões) e o quarto em número de pessoas com depressão (11,5 milhões).

---
1 Fonte: https://www.anamt.org.br/

Esse quadro repercute em outro aspecto: segundo dados recentes do INSS[2], durante os anos de 2012 e 2016, 79% da concessão de auxílio-doença e aposentadoria por invalidez estavam relacionados aos transtornos mentais e comportamentais, configurando o transtorno mental como a terceira principal causa de incapacidade para o trabalho no Brasil.

Os estudos do INSS não discriminam os benefícios por tipo de empregabilidade, ou seja, não há uma alusão ao órgão empregador, se público ou privado, apresentando apenas uma distinção quanto à forma de filiação ao regime previdenciário, onde segurados empregados (aqueles que prestam serviço à empresa em caráter não eventual, sob sua subordinação e mediante remuneração) representam 64,41% dos auxílios-doença e afastamento por invalidez, enquanto as demais formas de filiação (segurado vinculado ao Regime Geral de Previdência Social como empregado doméstico, contribuinte individual, trabalhador avulso, segurado especial e segurado facultativo) correspondem a 35,59% do universo de benefícios concedidos.

Segundo o mesmo levantamento, quando analisada a distribuição de auxílios-doença e aposentadoria por invalidez concedidos entre 2012 e 2016, o INSS apresenta uma tabela dos transtornos mentais e comportamentais que aparecem com maior frequência nas justificativas dos benefícios, segundo a Classificação Internacional de Doenças (CID 10)[3]:

De forma simplória, podemos dizer que tais dados revelam que depressão, ansiedade e uso abusivo de álcool e outras drogas, se somados, correspondem a aproximadamente 75% das causas de afastamento do trabalho no período avaliado.

---

2 1º Boletim Quadrimestral sobre Benefícios por Incapacidade (Secretaria de Previdência/Ministério da Fazenda/2017).

3 1º Boletim Quadrimestral sobre Benefícios por Incapacidade (Secretaria de Previdência/Ministério da Fazenda/2017).

Revela-se que os distúrbios depressivos aparecem como a doença psiquiátrica que mais atinge a Previdência Social. Para ter-se uma ideia em números, no Brasil, somente em 2016, foram registrados mais de 75 mil casos de afastamento laboral relacionados a essa patologia. Se comparado aos demais países da América Latina, ocupamos a primeira posição em número de casos diagnosticados, o que equivale a dizer que aproximadamente 6% da população brasileira apresentam depressão, ou seja, aproximadamente 12 milhões de pessoas.

Mas o que seria a depressão? Como e por que acomete um número elevado de trabalhadoras e trabalhadores? Em termos gerais, ela pode ser descrita como um estado afetivo anormal, com ocorrência em diferentes níveis, e que pode surgir em resposta a situações estressantes ou a circunstâncias sociais, psicológicas e econômicas adversas. Seu diagnóstico acaba sofrendo interferências externas quando o preconceito da sociedade aparece como barreira, dificultando a transposição do senso comum à compreensão da necessidade de suporte e tratamento.

De uma forma simplificada, atentemo-nos para não julgarmos precipitadamente o comportamento de alguém, nominando enquanto "frescura" ou "entreguismo" a dificuldade da pessoa em lidar com situações aparentemente fáceis e tranquilas. A depressão afeta o sentido de existir e, por isso mesmo, ações simples do cotidiano, como se levantar e ir trabalhar, acabam por tornar-se um grande desafio. O respeito faz parte do processo de cura, tanto aquele dirigido a nós mesmos, quando superamos a banalização de alguns sentimentos, quanto ao outro, pelo exercício da solidariedade e da tolerância.

Fica relevante dizer que, embora não apareça nessa listagem por não ter sido classificado como patologia pela Organização Internacional do Trabalho (OIT), o estresse pode ser sinal de problema:

| DOENÇA CORPORATIVA

> Se o corpo experimenta uma tensão contínua, o estresse pode causar alterações agudas e crônicas, o que pode provocar danos de longo prazo a sistemas e órgãos, particularmente se o corpo não consegue descansar e se recuperar.[4]

Ainda segundo a OIT, na Europa, o estresse aparece como segunda causa dos problemas relacionados à saúde, sendo que corresponde a cerca de 60% dos dias de trabalho perdidos entre as pessoas por ele afetadas.

Se pensarmos nas condições que corroboram para o adoecimento mental, podemos remeter-nos à listagem elaborada pela Agência Europeia para a Segurança e Saúde no Trabalho, que elenca os principais fatores de risco à saúde mental, a saber: cargas de trabalho excessivas; exigências contraditórias e falta de clareza na definição das funções; falta de participação na tomada de decisões que afetam o trabalhador e falta de controle sobre a forma como executa o trabalho; má gestão de mudanças organizacionais, insegurança laboral; comunicação ineficaz, falta de apoio da parte de chefias e colegas; assédio psicológico ou sexual, violência de terceiros.

Ao lermos isso, é impossível não transportarmos nosso pensamento para nossas realidades de trabalho, principalmente quando estas se dão no ambiente corporativo, onde o aumento da produtividade e do lucro, segundo a lógica capitalista globalizada, confere um ritmo de tensão aos colaboradores, que muitas vezes se reflete em riscos psicossociais.

Conferir visibilidade à problemática, reconhecendo que as cargas psíquicas do trabalho impactam na saúde dos trabalhadores, assim como na

---

[4] Organização Internacional do Trabalho – OIT, Workplace Stress: A CollectiveChallenge, citada no: 1º Boletim Quadrimestral sobre Benefícios por Incapacidade (Secretaria de Previdência/Ministério da Fazenda/2017).

própria produtividade desses sujeitos e, consequentemente, na lucratividade das empresas, parece-nos de tamanha urgência que exigiria uma revisão nos modelos de organização e gestão do trabalho.

Ainda para enfatizar que os agravos de saúde mental relacionados ao trabalho são consideravelmente impactantes, devemos explicar também que eles sofrem interferência direta quanto à natureza das atividades. Segundo dados do Sistema de Informação de Agravos de Notificação (SINAN), os grupos de atividades mais vulneráveis a transtornos mentais são: os trabalhadores do transporte coletivo urbano (motoristas e cobradores), da atividade bancária (gerente de contas e agências), da educação fundamental I (professores do 1° ao 4° anos) e da vigilância e segurança (armada e desarmada).

Devemos considerar que os grupos citados acima são destaques não somente pelas condições laborais, mas pelo alto número de pessoas que se dedicam a tais atividades. Porém, trabalhos em condições de confinamento, insalubridade e risco social também parecem preocupantes no que diz respeito ao equilíbrio emocional. É o caso dos profissionais da saúde, dos assistentes sociais, dos que trabalham nas plataformas de petróleo em alto mar, dentre outros.

Em 2001, o Ministério da Saúde (Brasil)[5] lançou um estudo que descreve os principais transtornos mentais relacionados ao trabalho, ao qual adaptamos resumidamente na tabela a seguir[6]:

---

5 DIAS, Elizabeth Costa (org.). *Doenças relacionadas ao trabalho: manual de procedimentos para os serviços de saúde.* Ministério da Saúde do Brasil. Organização Pan-Americana da Saúde no Brasil. Brasília: Ministério da Saúde do Brasil, 2001.

6 Quanto à comparação com a tabela 1 explicitada acima, percebemos que há diferença entre as doenças de maior ocorrência entre o estudo elaborado pelo INSS e este. Atentemos para que haja um espaço temporal entre ambos: o primeiro, diz respeito ao período que vai de 2012 a 2016; e o segundo, feito com base em dados anteriores e publicado em 2001.

Tabela: Transtornos mentais e do comportamento relacionados ao trabalho

| \multicolumn{3}{c}{Lista de Transtornos Mentais e do Comportamento Relacionados ao Trabalho, de acordo com a Portaria/MS n.º 1.339/1999} |

DEFINIÇÃO	CID 10	SINTOMAS DIAGNÓSTICOS
Demência em outras doenças específicas classificadas em outros locais	F02.8	Declínio das funções cognitivas (capacidade de aprendizagem, memória, atenção, concentração, linguagem, nível de inteligência, capacidade de resolver problemas, juízo crítico e comportamento social adequado); comprometimento ou incapacidade pessoal para as atividades da vida diária.
Delirium, não sobreposto à demência, como descrito	F05.0	Rebaixamento do nível da consciência (diminuição da capacidade de direcionar, focalizar, manter ou deslocar a atenção); alterações na cognição (déficit de memória, desorientação, perturbação de linguagem ou desenvolvimento de uma perturbação da percepção que não é explicada por uma demência preexistente); perturbação que se desenvolve ao longo de um curto período de tempo (horas a dias), com tendência a flutuações no decorrer do dia; existência de evidências a partir da história, exame físico ou achados laboratoriais de que a perturbação é consequência direta ou indireta, associada a uma situação de trabalho.
Transtorno cognitivo leve	F06.7	Declínio no desempenho cognitivo (comprometimento da memória, dificuldades de aprendizado ou de concentração).
Transtorno orgânico de personalidade	F07.0	Capacidade reduzida de perseverar em atividades com fins determinados; comportamento emocional alterado (labilidade emocional: alegria superficial e imotivada e mudança fácil para irritabilidade, explosões rápidas de raiva e agressividade ou apatia; expressão de necessidades e impulsos sem considerar as consequências ou convenções sociais (roubo, propostas sexuais inadequadas, comer vorazmente ou mostrar descaso pela higiene pessoal); perturbações cognitivas na forma de desconfiança, ideação paranoide e/ou preocupação excessiva com um tema único, usualmente abstrato (por exemplo: religião, certo e errado); alteração marcante da velocidade e fluxo da produção de linguagem com aspectos, tais como circunstancialidade, prolixidade, viscosidade e hipergrafia; comportamento sexual alterado.
Transtorno mental orgânico ou sintomático não especificado	F09	Relação temporal (semanas ou poucos meses) entre o desenvolvimento da doença e o início da síndrome mental; recuperação do transtorno mental após a remoção ou melhora da causa presumida subjacente; ausência de evidência que sugira uma causa alternativa da síndrome mental, como, história familiar ou estresse precipitante.

Lista de Transtornos Mentais e do Comportamento Relacionados ao Trabalho, de acordo com a Portaria/MS n.° 1.339/1999	F10.2	Forte desejo ou compulsão de consumir álcool em situações de forte tensão presente ou gerada pelo trabalho; comprometimento da capacidade de controlar o comportamento de uso da substância, evidenciado pelo uso da substância em quantidades maiores ou por um período mais longo, ou por desejo persistente, ou por esforços infrutíferos para reduzir ou controlar o seu uso; estado fisiológico de abstinência quando o uso do álcool é reduzido ou interrompido; evidência de tolerância aos efeitos da substância de forma que haja uma necessidade de quantidades crescentes da substância para obter o efeito desejado; preocupação com o uso da substância, manifestada pela redução ou abandono de importantes prazeres ou interesses alternativos por causa de seu uso ou pelo gasto de uma grande quantidade de tempo em atividades necessárias para obter, consumir ou recuperar-se dos efeitos da ingestão da substância; uso persistente da substância, a despeito das evidências das suas consequências nocivas e da consciência do indivíduo a respeito do problema. OBS: O alcoolismo crônico (ou síndrome de dependência do álcool) está associado ao desenvolvimento de outros transtornos mentais, como *delirium tremens*; demência; transtorno amnésico; transtorno psicótico; transtorno do humor; transtorno de ansiedade; disfunção sexual e transtorno do sono. Para um diagnóstico preciso, deve-se considerar a manifestação conjunta dos sintomas, de forma repetida, durante um período de 12 meses, devendo ser explicitada a relação da ocorrência com a situação de trabalho.
Episódios depressivos	F32	Humor triste ou diminuição do interesse ou prazer; perda de interesse ou prazer em atividades que normalmente são agradáveis; diminuição ou aumento do apetite com perda ou ganho de peso; insônia ou hipersonia; agitação ou retardo psicomotor; fadiga ou perda da energia; sentimentos de desesperança, culpa excessiva ou inadequada; diminuição da capacidade de pensar e de se concentrar ou indecisão; pensamentos recorrentes de morte; ideação suicida recorrente, mesmo sem um plano específico ou uma tentativa concretizada. OBS: O diagnóstico de episódio depressivo requer a presença de pelo menos cinco destes sintomas, por um período de, no mínimo, duas semanas.
Estado de estresse pós-traumático	F43.1	Evento ou situação estressante (de curta ou longa duração) de natureza excepcionalmente ameaçadora ou catastrófica, aos quais o paciente foi exposto, em uma situação de trabalho ou relacionada ao trabalho; episódios de repetidas revivescências do trauma (com consciência clara ou em sonhos); sensação persistente de entorpecimento ou embotamento emocional; diminuição do envolvimento ou da reação ao mundo que o cerca; rejeição a atividades e situações que lembram o episódio traumático; estado de excitação autonômica aumentada com hipervigilância; reações exacerbadas aos estímulos e insônia; sintomas ansiosos e depressivos, com ou sem ideação suicida; abuso de álcool e outras drogas; episódios dramáticos e agudos de medo, pânico ou agressividade, desencadeados por estímulos que despertam uma recordação do trauma.

Neurastenia (inclui síndrome de fadiga)	F48.0	Queixas persistentes e angustiantes de fadiga aumentada após esforço mental ou queixas persistentes e angustiantes de fraqueza e exaustão corporal após esforço físico mínimo; pelo menos dois dos seguintes: sensação de dores musculares, tonturas, cefaleias tensionais, perturbações do sono, incapacidade de relaxar, irritabilidade, dispepsia; incapacidade de se recuperar por meio do descanso, relaxamento ou entretenimento; duração do transtorno de pelo menos três meses.
Outros transtornos neuróticos especificados (inclui neurose profissional)	F48.8	O vasto grupo de transtornos aqui associados inclui transtornos mistos de comportamento, crenças e emoções neurose ocupacional (que inclui a câimbra de escrivão), neurose profissional (sintomas persistentes de conflito psíquico, cujo desenvolvimento encontra-se vinculado a uma determinada situação organizacional ou profissional), que inclui quadros psiquiátricos relacionados ao trabalho, nos quais aspectos subjetivos e características pessoais, aliadas às condições organizacionais do trabalho, determinam sofrimento psíquico. Geralmente, são quadros de evolução crônica que tendem a definir-se como um padrão de comportamento.
Transtorno do ciclo vigília-sono devido a fatores não-orgânicos	F51.2	Perturbação do padrão de ciclo vigília-sono, que é normal em uma dada sociedade particular e compartilhado pela maioria das pessoas no mesmo ambiente cultural; como resultado, indivíduo com insônia durante o principal período de sono e hipersonia durante o período de vigília quase todos os dias, por pelo menos um mês ou recorrentemente por períodos mais curtos de tempo; quantidade, qualidade e tempo de sono insatisfatórios como causa de angústia pessoal marcante ou interferência com o funcionamento pessoal na vida diária, social ou ocupacional; inexistência de fator orgânico causal, tal como condição neurológica ou outra condição médica, transtorno de uso de substância psicoativa ou de um medicamento.
Sensação de estar acabado (síndrome de *burn-out*, síndrome do esgotamento profissional)	Z73.0	Histórico de grande envolvimento subjetivo com o trabalho, função, profissão ou empreendimento assumido, que muitas vezes ganha o caráter de missão; sentimentos de desgaste emocional e esvaziamento afetivo (exaustão emocional); queixa de reação negativa, insensibilidade ou afastamento excessivo do público que deveria receber os serviços ou cuidados do paciente (despersonalização); queixa de sentimento de diminuição da competência e do sucesso no trabalho.

O que precisamos compreender é que situações vivenciadas no ambiente de trabalho podem funcionar como propulsoras de adoecimento. Estresse, superjornadas, assédios e violência psicológica são exemplos de circunstâncias que auxiliam no desencadeamento de transtornos mentais.

Nosso objetivo, contudo, é que, a partir desse aporte, você possa ser capaz de identificar em si e/ou no ambiente de trabalho sintomas que possam estar passando despercebidamente, mas que podem representar a necessidade de busca por ajuda especializada.

Mais que simplesmente teorizarmos sobre o tema, o que pretendemos é apresentar ferramentas que sejam auxiliares na prevenção, preservação e trato da saúde mental, principalmente associada às condições de trabalho. Em outras palavras, queremos dizer que não existe instrumento mais abrangente do que você e sua capacidade de percepção sobre si mesmo e mundo para compreender os processos de adoecimento.

Se estamos aqui discutindo os impactos do trabalho sobre a saúde mental do trabalhador, ao mesmo tempo estamos dispostos a repensar a dinâmica organizacional, concorda? Muitos teóricos se debruçam sobre o tema na intenção de contribuir para que se aprimorem as condições garantidoras de equilíbrio e da satisfação pessoal, sem que isso represente queda na produtividade. Desafio posto, o que há de horizonte sobre a questão?

É possível trabalhar sem adoecer!

Na linha da humanização das relações entre trabalho e mundo corporativo, não podemos deixar de citar o que vem sendo desenvolvido por Ives Clot, psicólogo francês que se debruçou sobre a temática da função psicológica do trabalho, e que vem recebendo destaque em seus estudos mundo afora a partir da proposição de uma nova abordagem.

Ives Clot, em sua obra *A função psicológica do trabalho* (2006), constrói sua perspectiva científica sobre a relação homem-trabalho com centralidade no trabalhador e, logo de início, contrapõe Dejours e Oddone, quando passa a denominar como campo de estudo a saúde do trabalhador e não mais saúde do trabalho. Com isso, inaugura uma abordagem que considera a compreensão dos fenômenos a partir de seu acontecer histórico, no qual o particular é considerado uma instância da totalidade social.

A partir daí, Clot desenvolve então a noção de Clínica da atividade, na qual são realizadas análises baseadas nos diálogos e nas trocas interpessoais, valorizando as reflexões dos trabalhadores sobre suas próprias ações no interior de um campo de atividade profissional. Sua obra tem repercussão tanto para o campo da subjetividade, quanto para a organização do trabalho.

O autor vai colocar o trabalhador numa posição de coparticipante, podendo contribuir com as situações-problemas, inserindo modelos práticos de solução para as questões apresentadas a partir da sua experiência laboral. Esse protagonismo do sujeito a partir da troca dialógica e do reconhecimento de seu saber contribui para a validação coletiva dos resultados, rompendo com a imposição das análises feitas por especialistas, muitas vezes distantes da realidade concreta. Eis aí a inovação no campo organizacional do trabalho trazida por ele.

Se estamos aqui, prestes a repensar os fatores de risco psicossocial, a fim de reduzir os danos do trabalho no campo emocional, parece plausível considerar o diálogo e as reflexões como ferramentas propulsoras de novas possibilidades de ambiência laboral, seja na esfera pública, seja no mundo corporativo. O reconhecer da fala dos sujeitos, aqui os trabalhadores, pode suscitar um caminho explorável, ao mesmo tempo desafiador e necessário.

Todos enfrentamos períodos de tristeza, angústia, ansiedade ou medo. Embora pareça que vivemos numa espécie de "ditadura da felicidade", não somos obrigados a estar bem ou ativos o tempo todo. É importante reconhecermos e respeitarmos os momentos de reclusão, os intervalos para reflexão, aquela frustração incômoda que nos motiva ao movimento. Mas, se algo o incomoda, investigue se é uma sensação passageira ou persistente, se causa medo, paralisia ou pensamentos excessivamente negativos, se sua dedicação ao trabalho nunca adormece, se isso lhe gera um preocupar que desgasta e lhe tira o sono, se existem pretextos externos ou se aparentemente você não consegue achar explicação para seus sentimentos, se o sentido da sua vida está se modificando ou se esvaindo.

E faça o mesmo com o que observa ao redor, tanto em seu trabalho, como nos outros espaços de troca e sociabilidade. Tão importante quanto saber pedir ajuda é poder oferecer apoio a quem ainda não buscou um tratamento.

Exercite-se para romper com o receio de ser julgado pelos outros e não faça disso um impedimento para o cuidado com sua saúde mental. Ainda que seja fato haver a questão do preconceito e da estigmatização, estes não podem ser obstáculos que o impeçam de enfrentar os problemas que o incomodam. Quanto mais você protelar, mais doloroso será o processo.

Não pense que a única receita para o adoecimento mental são os ditos "tarjas pretas". A prática de atividades físicas, a alimentação consciente, técnicas de autoconhecimento e relaxamento (yoga, *tai chi chuan* etc.), o lidar com a terra e com a natureza, e inovações terapêuticas, como a Hipnoterapia, têm sido referenciadas como possibilidades assertivas na busca pela saúde mental.

Não poderia deixar de citar que uma série de pesquisas tem amarrado a religião com maior bem-estar e saúde mental em geral. Esses estudos descobriram que as pessoas tementes a Deus têm menos sintomas de depressão e ansiedade, bem como uma melhor capacidade de lidar com o estresse. Outros estudos sugerem que certas práticas religiosas podem até mesmo mudar o cérebro de uma forma que aumenta a saúde mental.

Para além desses exemplos, muitas vezes é preciso ressignificar sua história pessoal e promover outros sentidos para sua vida. E dizemos mais, pequenos atos podem expressar uma transformação nos padrões de comportamento. Se você vai para o trabalho de carro particular, experimente ir de bicicleta, ou mesmo de coletivo urbano. Faça um caminho que nunca fez; mude seus trajetos.

Repare nas pessoas à sua volta, interaja com o mundo sob novas perspectivas. Inicie aquela aula de violão que você deseja desde a adolescência. Saia para dançar e chegue mais tarde em casa. Desligue o celular e se conecte com seus filhos e familiares. Não pense somente na remuneração quando aceitar uma proposta de emprego; considere sua afinidade com a função e seu equilíbrio a médio e longo prazos.

Ainda sobre o campo da saúde mental e o mundo do trabalho, sabemos que as possibilidades de abordagem não se esgotam aqui; nem é essa nossa pretensão. Estamos, no que nos compete, convidando você à reflexão e buscando realizar, da forma mais prazerosa possível, esse passeio por dados, conceitos e provocações, tendo como base o diálogo, sempre. Vamos em frente, que temos mais temas deliciosos para conhecer.

Capítulo 2
DESMISTIFICANDO A SAÚDE MENTAL

Caminhos para compreender a saúde mental

Agora que conseguimos tocar em alguns temas centrais, é preciso aprofundar elementos que nos ajudem a compreender melhor a dinâmica da saúde mental na tentativa de quebrar alguns tabus, de alavancar o conhecimento a respeito do tema e, principalmente, de trazer ferramentas e instrumentos que possam ser preciosos para a nossa percepção de bem-estar, no mais amplo aspecto que isso representa, capacitando-nos ao autodiagnóstico quando algo estiver "fora do controle" e também nos ofertando elementos para que possamos compreender as dinâmicas "adoecedoras" e o impacto delas em nós e em nossos colegas de trabalho.

Claramente, quando falamos em autoconhecimento, não estamos descartando uma possível intervenção técnica profissional que auxilie nesse processo; pelo contrário, o que queremos dizer é que tudo é válido quando a perspectiva seja o aprofundamento do entender a nós e ao mundo.

Para iniciar a reflexão desse tema, é relevante debruçarmo-nos sobre a compreensão do que é a condição mental e emocional "fora do controle". Um primeiro ponto diz respeito ao fato da delimitação do padrão de saúde mental e, consequentemente, de seu reverso, o transtorno mental, ou o que chamamos anteriormente de condição "fora do controle", ser própria a cada indivíduo. Dessa forma, a condição de saúde e os sintomas de adoecimento poderão variar de acordo com cada pessoa, resultando disso parte da dificuldade de delimitar conceitualmente a saúde mental.

Vamos a um caso fictício para exemplificar: Joana sofre de depressão. Sempre que sua depressão se manifesta, Joana fica sem condições de realizar suas tarefas cotidianas e se mantém deitada, dormindo e chorando boa parte do tempo, sem conseguir sequer realizar suas refeições e sua higienização. Joana sabe que está em depressão; seus sintomas são intensos e não deixam dúvidas de seu quadro, diferentemente do que ocorre com Pedro.

Pedro sempre foi uma pessoa ativa, feliz, festeiro, com uma vida social intensa. Nos últimos anos, gradativamente, vem se tornando mais e mais introspectivo, recluso e se isolando. Deixou de sair com seus amigos, abriu mão de realizar atividades que lhe davam prazer e seu interesse sexual reduziu drasticamente. Pedro nunca ficou prostrado, sem condições de sair da cama por depressão; ao contrário, ele permanece executando suas tarefas essenciais, sem faltá-las, e por isso Pedro encontra dificuldade em reconhecer um adoecimento e o tratar. Isso ocorre porque, como dito, o adoecimento mental manifesta-se diferentemente em cada indivíduo.

Com esse exemplo simples, intencionamos alertar para o quão importante é desenvolvermos a nossa capacidade individual de entender nosso corpo e nossos sentimentos para conseguir identificar suas alterações e agir para combater o adoecimento, ou para que a doença não se agrave.

Tal descrição serve para evidenciar outra questão: a compreensão equivocada de que o adoecimento mental deva estar exclusivamente associado a sintomas agudos/extremos, como depressões como as de Joana, fobias, síndrome do pânico, para citar algumas. Essa falácia nega o adoecimento que se manifesta a partir de sintomas mais sutis, sendo necessário substituí-la pela correta compreensão que admite a manifestação de sintomas e intensidades diferentes. Engana-se quem condiciona uma expressão impetuosa ao adoecimento mental, pois com frequência ele se revela de forma escalonada e silenciosa.

É hora de abandonar os preconceitos

Outro ponto importante é o fato do senso comum, de forma preconceituosa e pejorativa, abordar a doença mental como uma condição de pessoas especiais, dotadas de fragilidades e comportamentos que as distinguem das pessoas saudáveis, estabelecendo ao mesmo tempo uma dicotomia e uma hierarquização social. A sociedade, nesses termos, é dividida entre doentes e saudáveis, sendo os primeiros considerados inferiores aos demais, quando não tidos como indivíduos indignos, com frequência alçados ao isolamento nas relações sociais e subjugados e explorados nas relações de trabalho, ou mesmo tidos como não funcionais, não produtivos.

É preciso romper com o preconceito que cerca esse tema, livrando-nos do medo desse estigma social e aceitando que o adoecimento mental, assim como o adoecimento físico, pode (com alta probabilidade) ser desenvolvido por qualquer pessoa em algum momento da vida. Não se trata de uma condição inerente aos infortunados ou aos desqualificados.

O desgaste da saúde mental pode, portanto, desenvolver-se em todas as pessoas, o que não significa, necessariamente, que, a partir disso, aquele indivíduo passe a sofrer de um transtorno mental. Os transtornos são doenças mais complexas, que geralmente exigem uso contínuo de medicação e acompanhamento multiprofissional, sendo assegurado na maioria das vezes o seu controle, mas não a cura. Citamos como exemplo a esquizofrenia, as psicoses, os transtornos de humor (bipolaridade) e de personalidade.

Já as doenças da mente (depressões focalizadas, fobias, crises de ansiedade etc.) podem ser superadas e tratadas até que os sintomas sejam atenuados e o indivíduo possa viver mais harmonicamente. Sendo assim, identificamos outro ponto importante: a saúde mental é uma condição dinâmica e suscetível a intervenções.

Se as doenças mentais podem ser manifestadas por qualquer um e sendo elas repletas de nuances, como reconhecer o adoecimento de nossa mente? Esperamos que, ao final deste capítulo, você, mais consciente de suas variações e da necessidade de desenvolver o autoconhecimento, consiga encontrar essa resposta e os caminhos que o ajudarão a manter o equilíbrio de sua saúde mental por mais tempo.

Qualidade de vida é qualidade de sentimentos

Para seguirmos com as reflexões, lembramos de que o poeta argentino Pablo García traz uma enigmática frase, a qual podemos passar longo momento a decifrá-la. Ao dizer que 'qualidade de vida é qualidade de sentimentos', ele nos convida a reflexões que podem ser um diferencial na compreensão das problemáticas que muitas das vezes acompanham-nos em nosso cotidiano[1].

Antes de pensarmos propriamente no conteúdo desse dito, é importante que saibamos o contexto de sua elaboração. O poeta trabalhava em um programa social voltado à população idosa, que consistia em viagens regulares a distintos lugares do país, que envolvia a troca de experiência entre os participantes dos grupos de convivência de diferentes províncias da Argentina, objetivando a socialização da cultura e do afeto.

---

[1] A afirmativa poética faz parte do documento "Reflexiones al Programa de Turismo Social de PAMI" (Programa Assistencial Médico Integral, destinado à população idosa – aposentados e pensionistas afiliados a obra social estatal), datado de 2011.

Ao longo de cinco anos, esse poeta, que ali não deixava de o ser, embora estivesse inserido como profissional técnico, usou de sua habilidade sensitiva para compreender as entrelinhas e subjetividades que aquelas atividades proporcionavam. Foi então que, ao analisar a interatividade com um e outro, percebeu que os que mais enriqueciam ao grupo eram pessoas com mais qualidade emocional.

Chamamos de qualidade emocional a capacidade de lidar com as adversidades que a vida nos impõe e as superar de maneira humorada e criativa. Ele via ali que, embora os conflitos pudessem permanecer irresolutos, alguns integrantes do projeto conseguiam viver de forma mais plena do que outros, minimizando o impacto do difícil e inevitável devir. E por que isso? Porque tinham qualidade de sentimentos.

É importante dizer que, ao longo da leitura, falaremos de qualidade de sentimentos de uma forma abrangente, que possa ser percebida por cada um em seu cotidiano. Claramente, as hipóteses levantadas são de encaixe subjetivo às situações inerentes ao mundo do trabalho, categoria presente na nossa configuração societária, a qual dispomos de imersão e dedicamos grande parte de nossas horas e dias.

Sentir-se pertencente a um determinado grupo, falar de suas experiências, rir de si mesmo, experimentar caminhos diferentes para os mínimos trajetos, arriscar-se ao novo, comprometer-se com os combinados, reconhecer dificuldades e erros, dançar, produzir arte seja como for, conectar-se com o que entende por família, o contato com a natureza e a terra, entre outras ações aparentemente simples, faziam o diferencial na forma com que alguns idosos interagiam com os outros, sendo alguns mais dotados destas capacidades, mais dispostos à felicidade.

Não estamos aqui falando de realizações materiais, de status social, de contas bancárias, de bens, de cargos de chefia, não. A observação do poeta considerou que esses aspectos não influíam na alegria ou na tristeza dos idosos, pois se tratavam de aspectos externos e mutáveis. Em outras palavras, qualidade de vida não significava propriedade e poder.

Voltemos à frase: qualidade de vida é qualidade de sentimentos. O que seria então essa qualidade de sentimentos? Como conjugá-la com as intempéries da vida? Com os anseios profissionais? Com o competitivo inerente ao universo corporativo? Será que podemos? Vamos refletir juntos adiante.

Há outro momento ilustrativo que queremos trazer nessa sequência. John Lennon, músico e líder intelectual da banda The Beatles, aos doze anos, passou por algo que nos ensina. Em sua escola, durante uma das aulas, um professor perguntou a todos os estudantes ali presentes: 'O que vocês esperam da vida? O que desejam? Todos responderam baseados em suas crenças, ao que John, adolescente, ouvia, atento. Foi o último a responder, quando chocou a todos: 'Desejo ser feliz, desejo a felicidade'. Sua fala foi motivo de chacota e *bullying*, inclusive do próprio professor, que chegou a falar que o aluno não havia entendido a pergunta, ao que ele, prontamente respondeu: 'Eu entendi a pergunta sim. Vocês é que não entendem a vida'.

Há um filme, cujo título em português é *Minha Vida de Cachorro*[2], que também complementa o que pretendemos que você perceba. Sem intenção de ser *spoiler*, há algumas passagens em que um menino compara dores alheias à sua dor. A mãe estava enferma, tuberculosa, e ele buscava formas de alegrar-se em vez de simplesmente esperar a morte da genitora. E então, ele diz da má sorte de um homem que, num domingo qualquer, resolve caminhar por um campo sem saber que ali estava acontecendo um campeonato de dardos e flechas. Uma delas o atravessou, interrompendo sua vida. E continua narrando a trajetória de Laika, a cachorra russa que foi enviada ao espaço numa cápsula, a fim de que fossem realizados testes

---

[2] *Mitt Liv Som Hund*, do sueco Lasse Hallstrom, lançado em 1985, ganhou o prêmio Globo de Ouro de Melhor Filme Estrangeiro e foi indicado a dois Oscar (Direção e Roteiro).

que indicassem o quão é suportável a oxigenação em ambientes fora da Terra. Laika morreu de fome e não por problemas respiratórios, pois não fizeram uma previsão consistente do que ela necessitaria em sua alimentação. Assim, aquele garoto de doze anos compreendia a morte e sua imprevisibilidade. E, para além disso, compreendia o quão é imprescindível viver intensamente.

Uma sensação que é capaz de que todos se familiarizem é aquele medo de morrer que nos dá quando estamos em um momento muito bonito de nossos processos. Estamos tão felizes, sem querer que aquilo se finde, que nosso pensamento nos conduz ao medo. A morte como ponto intransponível. E olha que não estamos falando de depressão ou tristeza. É a felicidade que nos remete à morte.

Ao mesmo tempo, somos "educados" a não repetir experiências quando estas nos trazem sensações ruins ou desagradáveis. Por defesa, vamos aprendendo a não colocar o dedo nas tomadas, a florear verdades para que as palavras não sejam tão duras, a não se envolver muito em um relacionamento, a escolher a estabilidade no trabalho e garantir o sustento sem riscos. Às vezes, passamos a vida com medo de cometer erros de tanto que nos precavemos deles. Mas será necessário tamanho esforço para ser feliz?

Autoconhecimento:
o importante passo na busca por uma vida saudável

Tantos exemplos aqui trazidos são para impulsionar nossa reflexão acerca das escolhas e caminhos que temos percorrido, logicamente para indagarmos se estamos confortáveis no lugar onde nos encontramos hoje. Vivemos plenamente? Estamos cercados de pessoas com as quais trocamos afetos? Sentimos prazer em nossas atividades laborais? Desenvolvemos a maturidade para lidar com situações complexas? Estamos abertos a experimentar? Valorizamos aquilo que, de fato, preenche-nos de sentido? As lacunas a essas perguntas podem indicar onde podemos fazer modificações e sermos mais assertivos.

A construção do equilíbrio emocional e da saúde mental passará por essa revisão; não há como escapar. E se não a fazemos, vamos acumulando dúvidas e desconfortos que, mais dia, menos dia, podem eclodir em depressão, pânico, infelicidade. Se dissermos que ser feliz é simples, isso não pode significar que, por ser simples, seja fácil. A simplicidade é o primeiro que nos escapa quando nos sentimos acuados, por exemplo, ou quando pensamos mais em agradar aos outros do que a nós mesmos.

No decorrer de nossas histórias, podemos distanciar-nos tanto desse simples a ponto de nos transformarmos em pessoas complexas e ocas, pois nossa essência ficou tão cheia de informações, roupagens e proteções que não podemos mais nos reconhecer ali. Afinal, é possível a felicidade quando não sabemos o que queremos e o que somos?

Vamos relembrar que tais reflexões tanto servem para nosso agir em sociedade como para nossas relações sociais no ambiente de trabalho. Tudo o que estamos expondo aqui pode ser deslocado e compreendido nas esferas as quais fizerem maior sentido para nós.

Há pessoas que vivenciaram situações de violência em sua trajetória. Adultos que foram abusados sexualmente na infância; crianças que cresceram sendo cerceadas pelos pais e outros familiares, gritos e surras jamais esquecidos na memória, mortes e perdas bruscas, dificuldade financeira extrema, fome, repressão, preconceito, ridicularização. Algumas não conseguem elaborar respostas que as façam superar o que podemos chamar de traumas. Outras sim, como é o exemplo da mãe de um garoto assassinado que montou uma ONG para ajudar outras famílias que perderam suas crianças para a violência, ou aquela escritora que compartilhou sua história com os leitores, ajudando mulheres a identificarem uma relação abusiva e denunciar situações de agressão.

Por que será que pessoas que passaram por uma similar situação tendem a reagir de forma diferenciada? Vamos então apostar que, dentre o numeroso observatório de fatores que influenciam nisso, talvez o autoconhecimento seja primordial nesse processo. E conhecer-se mais implica lidar mais com situações e pensamentos conflituosos, em permitir-se experimentar mais e de forma mais profunda as oportunidades sugeridas e construídas ao longo da vida, que nos leva a questionar o nível das relações sociais praticadas nos diversos círculos que envolvem o cotidiano de cada pessoa (trabalho, família, espiritualidade, saúde, educação etc.) e os valores ali difundidos também.

Ao perceber o indivíduo que reproduz mais do que reflete sobre seus mínimos e complexos atos, vamos encontrar uma pessoa que se conhece menos do que aquela que exercita sua capacidade de questionar, de aprofundar, de reavaliar o seu fazer e o seu pensar.

Se pensarmos em uma sociedade majoritária de indivíduos reprodutores, podemos sugerir que a mesma seja mais violenta, imediatista, competitiva, vulnerável e triste. E sabem por quê? A reprodução vai fazendo da gente menos humanos.

No campo pessoal, ela age como um escudo bloqueador de aprofundamentos. A gente vai vivendo mais e sentindo menos, cada vez menos, os impactos da vida. Se, de certa forma, isso nos faz mais harmônicos que conflituosos, por outro lado, nos anestesia. Faz com que a gente deixe de importar-se tanto com as coisas e, principalmente, com o outro ou com nós mesmos. Restringe nossa aproximação e entrega. A gente sente menos: tristeza e felicidade. E assim suportamos mais. E é justamente esse "suportar" aquilo que vai adoecer-nos e adoecer nossa sociedade.

O suportar faz a gente relativizar demais para poder aguentar as tantas frustrações, injustiças e privações a que nos expomos ao longo da vida. Mas também nos impede de pensar novas saídas para enfrentar aquilo que poderia ser modificado e nos trazer mais qualidade de sentimentos. Vamos acumulando desgostos e deixando de gostar.

Esse processo nos leva a trabalhar com o que não gostamos de fazer, a permanecer num ambiente desagradável, a relacionarmo-nos com pessoas sem que haja afeto o suficiente para as trocas cotidianas da convivência, ou que nos violentem, com práticas de *bullying* até violências físicas, ou ainda de depositar na fé as esperanças de mudança, sem que sejam feitas outras modificações necessárias para impulsionar a qualidade de vida.

Sentimentos ruins adoecem o corpo e a mente

O fato de nos posicionarmos de modo indiferente ou negar os fatores internos e externos que nos são negativos não os tornam menos nocivos. Pior, a cada dia que passamos imersos nessa situação, aumentam as chances de adoecermos. Aos poucos, muitas vezes silenciosamente, nossa apatia, nossa alienação a esses fatores vão consumindo nossa felicidade, nossa motivação e nossa crença em uma vida boa. Por boa não devemos entender que se trata de uma vida de privilégio material, mas sim dotada de sentimentos positivos, capazes de nos manter desejosos de vivê-la.

A felicidade, a motivação e a crença são motores fundamentais para termos qualidade de vida e de sentimento. Quando os sentimentos positivos não estão ocupando os espaços que devem em nossa mente, o desânimo, a raiva, a tristeza, a impaciência, quando não há disfunções emocionais mais agudas, passam a ocupá-los.

Uma pesquisa realizada pelo Instituto de Psiquiatria do King's College de Londres[3] relacionou o estresse ao desequilíbrio do corpo físico, após identificar que uma pessoa que sofre de estresse pode levar 40% mais de tempo para superar um ferimento. Esse dado nos alerta para os riscos do adoecimento mental: suas consequências vão além da redução da capacidade de executar atividades que requeiram sociabilidade e de redução da produtividade, intelectual e material, chegando até a reduzir a resposta do organismo no combate e na cura de enfermidades. As doenças mentais, portanto, são um grave perigo à saúde mais geral do indivíduo e podem provocar um ciclo contínuo de adoecimento do corpo e da mente, o que torna mais difícil a recuperação de uma das partes.

Segundo um dos médicos neurocirurgiões ligados ao OMNI Brasil, renomada escola de hipnoterapia no país, 97% das enfermidades são ocasionadas pela mente do enfermo e não por problemas físicos. Assim que podemos retomar o ponto anterior: qualidade de vida está intimamente relacionada à qualidade de sentimentos. Esta, por sua vez, interfere na saúde emocional, porque resulta do como lidamos com o nosso sentir.

Exercitando o autoconhecimento

Vamos, então, a partir disso, alargar nossas impressões acerca do autoconhecimento, ferramenta e prática que nos auxiliam na compreensão de nós mesmos e de nossa sociedade. A memória aparecerá com destaque nesse momento, visto que, a partir dela, podemos ser capazes de buscar explicações, de revisitar infâncias, de perceber as mudanças ao longo dos anos, assim como identificar o que permanece em nós, tanto aquilo que se

---

3 GOUINA, Jean-Philippe; KIECOLT-GLASERA, Janice k. *The Impact of Psychoological Stress on Wound Healing: Methods an Mechanisms.* Disponível em: <www.ncbi.nlm.nih.gov/pmc/articles/PMC3052954>.

solidifica como característica e essência, como aquelas lembranças amargas ou traumas, aos quais, em algum dia, será preciso aprofundar-se para seguir mais leve.

E aí, convidamos você ao exercício de responder, silenciosa ou coletivamente, algumas perguntas cruciais para que possamos avançar:

- Qual sua memória mais remota? Do que se lembra de sua infância de forma visceral (aquilo que o marcou)?
- De uma forma geral, considera que suas primeiras etapas de vida foram harmoniosas ou conflituosas?
- Há algo de ruim que você carrega em si e que sente que é preciso trabalhar?
- Você se recorda de sua adolescência e das indagações que fez nessa fase?
- Considera-se próximo ou distante do que era e do que pensava enquanto adolescente? O que mudou e o que permanece dessa fase?
- Você ainda se relaciona com pessoas que conheceu na infância e na adolescência? Se não, a que atribui isso? Se sim, quantas e como são essas relações hoje?
- De suas experiências, o que transferiu para a vida adulta (valores, saberes, questionamentos etc.)?
- Você se sente uma pessoa mais realizada ou mais frustrada?
- Quais são suas frustrações no presente? Elas têm relação com sua memória?
- Entre perdas e ganhos, sente-se uma pessoa amadurecida ou enfraquecida?

- Você mudaria sua história de vida? Se sim, em que ponto?
- Você ainda sonha? Se sim, saberia dizer quais são seus sonhos/realizações em aberto? Se não, saberia dizer por quê?
- Seus sonhos, ao longo da vida, estiveram mais pautados na realização material ou na construção afetiva?
- Agora a maior das perguntas: você se considera feliz? Por quê?

Quando revisitamos nossa história, podemos prosseguir com mais conhecimento sobre nós mesmos, o que nos auxilia a pensar nosso presente de forma mais clarificada. Às vezes, é difícil retornar ao passado, pois lá podemos encontrar vivências que nos marcaram de forma negativa. Porém, se não o fizermos, estaremos compactuando com o fato de que elas sempre existirão como trauma. É uma sentença que nos traz um único movimento: seguir carregando aquilo sem possibilidade de transformá-lo em algo compreensível e superável.

Pelo difícil que possa parecer-nos, passamos a sustentar que existem situações que nunca nos abandonarão, por mais esforço que façamos. E pode ser assim, de fato. Porém, ao evitarmos tocar nessas questões, podemos estar, contraditoriamente, fortalecendo-as em vez de ignorá-las. É esse o ponto em que você precisa concentrar-se. Em outras palavras: se suas memórias pesam, fale delas para que voem de suas costas e seu caminhar seja mais flutuante a partir daí. Esse é um termômetro que só você é capaz de medir. Mas, caso sinta que é necessário revirar o passado, saiba que outras pessoas também devem ter vivido tantas ou mais situações traumáticas e que você não está sozinho, nem longe de poder trabalhar os elementos que ampliarão sua capacidade de se reinventar.

E voltemos à reflexão: o simples não é fácil. Essa poesia nos convida a viver, intensamente, até que nos encontremos. Vamos?

O olhar do outro e a parábola da máquina fotográfica

Outra questão que podemos considerar nesse permanente caminho de nos conhecermos é a referência do outro. Ouvir o que dizem e sentem sobre você pode ser de suma importância para lapidar o bom e trabalhar incômodos, tanto na vida privada e pessoal, como no ambiente de trabalho. Há pessoas que têm dificuldades em ouvir as impressões e opiniões dos outros. Para estas dizemos: ouça, permita-se entender os argumentos, reflita uma vez e outra mais sobre os argumentos que refutou num primeiro instante. Você não deve aceitar passivamente o que dizem e pensam a seu respeito, tampouco concordar com tudo.

Todos nós tendemos a julgar a partir de nossas "lentes" e estamos sujeitos a interpretações equivocadas, preconceituosas ou que identificam no outro suas questões particulares (o famoso "espelho"). Mas, ainda sim, é fundamental que esteja aberto a interpretar e entender a si próprio sob novas lentes.

Tomemos a máquina fotográfica como analogia para entender a contribuição possível e o limite do olhar do outro sobre nós. A máquina fotográfica é um dispositivo que captura e eterniza uma imagem. Ao fazê-lo, permite que quem a olha analise quantas vezes quiser a imagem e desenvolva uma compreensão sobre o que acontecia naquele espaço/corpo fotografado, imagine o(s) sentimento(s) daquele instante e crie uma ideia a partir dessas informações.

Para fazer esse registro, a máquina fotográfica dirige, conduz e restringe a percepção do fotógrafo ao enquadramento escolhido, e tudo o que estiver fora deste enquadramento, ou fora de foco, não estará passível para assimilação. Assim, uma imagem sempre contará a "história" parcial de um momento sempre, sem falar que esse registro pode ainda ser manipulado para transmitir a ideia desejada pelo fotógrafo. A imagem capturada pela máquina fotográfica será, portanto, mesmo quando realística, redutora e mediada da realidade.

Além disso, lembremos: a visão é um sentido sujeito a falhas. Tomemos em analogia disfunções da visão como a miopia e o astigmatismo, ou ainda processos mais sutis como não captar a presença de um elemento/uma pessoa no cenário que observa ou achar ter visto algo que depois, ao olhar novamente, percebeu não estar lá. Essa susceptibilidade ao erro ocorre porque a visão pode falhar e porque ela sempre será uma percepção de algo desde um ângulo particular (de quem vê).

De forma similar é o olhar do outro sobre nós: ao apresentar-nos nossa imagem a partir de um ângulo que não conhecemos, ou poucas vezes a vemos, ele nos dará a oportunidade de nos conhecermos mais e melhor. Mas essa sempre será uma imagem mediada por um olhar que restringe e conduz à interpretação de quem nos analisa.

Por isso, não há mal em saber como o percebem neste mundo. Talvez, o negativo seja agir de acordo com as expectativas alheias, pois isso pode tirar de você algo essencial: sua espontaneidade e autenticidade. Mas se permita ao olhar de outras e outros e construir-se-á mais sólida e ludicamente.

Harmonizar e humanizar para equilibrar

Por fim, ainda que não se esgote aqui, não tenha aquele medo paralisante. Não se cale diante do prosseguir. Dance, ainda que fora do ritmo. Movimente-se, ainda que em silêncio provisório. Uma hora as coisas se ajeitam e você poderá sentir. A felicidade é não parar em nenhum lugar, mesmo se confortável. Por ser provisória e inconstante, ela exige de nós o caminhar. Um constante ir e vir, até que nos encontremos, para que, minutos depois, tudo possa ser diferente, ou não. É desse viver que não podemos distanciar-nos: a experiência.

E essa experiência pessoal vai dizer muito de nós na vida adulta e laboral. Somos uma coisa só formada por muitas identidades diversas (profissional, sexual, familiar, por exemplo) que interagem e compõem nosso indivíduo. Por mais que tenhamos destaques em algum campo de nossa vida, como o acadêmico ou o profissional, somos nós, em nossas construções mais gerais, com os nossos acertos e nossos desafios individuais, que nos faremos presentes.

Nossa humanidade é posta à prova na execução das mais diversificadas funções e responsabilidades. Se temos muitas questões em aberto e não nos conhecemos minimamente, chegaremos ao trabalho carregando tais lacunas que poderão ganhar mais destaque que nossas habilidades e conhecimentos. Estamos falando de relações sociais no ambiente de trabalho e somos seres sociais que se desenvolvem nesse ambiente, visto nosso modo de produção. O sistema capitalista vai interferir no que somos e em como nos doamos ao trabalho, independentemente da posição que ocupamos.

Vamos ater-nos a transpor estes aspectos para o universo corporativo e falar de uma situação hipotética de frustração no trabalho. Imaginemos uma pessoa que se esforçava na realização de suas obrigações e se dedicava em seu cargo almejando uma promoção. Em vez disso, diante das novas configurações trabalhistas, foi-lhe proposto um contrato nos moldes do trabalho intermitente, sem garantias empregatícias e sem os direitos da CLT. Para não cair no desemprego, a pessoa aceita as novas condições. Perguntamos: ela vai trabalhar da mesma forma? Quais serão os impactos disso em sua produção? E em sua saúde? Os fatores externos vão influenciar? E a empresa, como vai perceber seu funcionário desde aí? Ou ainda, a empresa e seu chefe conseguirão manter esse funcionário dedicado e motivado para desempenhar suas atividades da mesma forma?

Vamos supor que a produtividade caia ou que a pessoa comece a atrasar-se para chegar ao trabalho. A chefia direta será a primeira a perceber. E como agir? Este é um momento de muita sensibilidade e dele depende, muitas vezes, a resolução ou o avanço da crise de produção de uma determinada empresa, pois a forma com que vai lidar com a situação deve ponderar os anseios do colaborador, sem descartar os objetivos da empresa.

A carga de responsabilidade nesse sujeito de decisões também o pode adoecer com o passar do tempo, e novamente será preciso rever as estratégias. O equilíbrio entre profissionalismo e humanidade pode ser um elemento importante para fortalecer as chefias em suas conduções. A mediação parece-nos representar uma habilidade a ser incansavelmente aprimorada e elencada como primordial nas relações entre colaboradores e empregadores.

Assim, logo associamos as questões. Se qualidade de vida pode ser mensurada pela qualidade dos sentimentos, a qualidade da empresa pode significar a qualidade do trato a seus colaboradores. Um ambiente mais humanizado, de competitividade estratégica e não destrutiva, que considere as particularidades de cada funcionário, ainda que todos sigam as mesmas políticas empresariais, que implemente e realize suporte psicológico e social como ferramentas de segurança no trabalho, pode parecer-nos favorável ao desenvolvimento das habilidades humanas, o que corresponderia dizer que é uma empresa com mais condições de sucesso e estabilidade, uma empresa com saúde emocional e funcional.

Dito isso, pensemos juntos: se o trabalho é algo essencial, como preservar em nós o que em nós é essência? Como não subestimar o autoconhecimento em detrimento das exigências? Como não se anular em pessoa sendo um trabalhador? Como cumprir seu papel funcional em determinada empresa sem esquecer quem você é? Como continuar sonhando em meio a um cenário de sobrevivência? E se tudo isso acontecer, como preservar a saúde mental e a qualidade dos sentimentos?

Obviamente, não há fórmula pronta ou medicação prescrita e resolutiva. Novamente apostamos no diálogo e na coletividade como fatores que possam amenizar e até transpor as frustrações inerentes ao mundo do trabalho. Claramente, essa percepção exige dos dotados do poder de decisão uma pausa humanizada que se reverta em olhares para além do lucro exploratório. Há que se modernizar a noção de poder e produção para que todos se sintam integrados. O sentimento de pertencer a algo, com resultados concretos na redistribuição de responsabilidades e resultados, parece-nos um caminho viável para que possamos estar mais próximos disto que podemos chamar de saúde funcional.

Não deixe de se procurar jamais. E, mesmo quando achar que se encontrou, reflita. Qualidade de vida é qualidade de sentimentos e ambas estão relacionadas à saúde mental. Que possamos então ser capazes de sentir em absoluto e fantasiar aquilo que nos faz prosseguir. Não importa mais o cargo que ocupamos do que o que podemos fazer por nós mesmos, por nossos parceiros de trabalho e pela sociedade em que vivemos. Cada ato nosso deve ser visto como uma poesia que pode ou não tocar a alguém, mas que certamente deve ser escrito da melhor forma possível, em exercício constante para que nos habituemos, uns aos outros, com felicidade.

Capítulo 3
ANALISANDO A SAÚDE MENTAL NO MUNDO CORPORATIVO: O QUE PENSAM OS FUNCIONÁRIOS?

Que sentimentos o trabalho desperta na pessoa?

Em tempos remotos, o trabalho era associado a algo desagradável; uma tarefa que merecia ser realizada o mais rápido possível para que o indivíduo pudesse vivenciar momentos felizes, ou ainda a tarefa realizada por pessoas as quais atribuíam valores inferiores na sociedade da época. Com o passar do tempo, o significado atribuído ao trabalho foi sofrendo modificações, até que na sociedade pós-moderna surge associado a aspectos positivos, algo que dignifica, satisfaz e confere status ao indivíduo[1].

Importante notar que, quando ocorre o deslocamento do significado de trabalho, de algo negativo para positivo, é fixado no imaginário da sociedade a ideia de trabalho como algo essencialmente benéfico e, por conseguinte, pouco provável de causar males ao trabalhador. Assim que vai ampliando-se a ruptura entre trabalho e adoecimento mental. Este, associado à fraqueza individual, também vai

---
[1] Para mais ler: (a) *Prazeres e Desprazeres do Trabalho*, do filósofo Alain de Botton; e (b) *A Ética Protestante e o Espírito do Capitalismo*, de Max Weber.

se tornando cada vez mais imperceptível aos nexos existentes entre eles. Essa, inclusive, é uma das explicações para o fato de as empresas investirem menos do que deveriam com a saúde mental de seus trabalhadores, porque não admitem que o trabalho possa agir negativamente no psiquismo dos funcionários.

Contudo, contrariando a ideia de que o trabalho é apenas benesse, sabemos que muitas pessoas se sentem infelizes em seus trabalhos. Isso inclusive é um dos resultados divulgados por uma pesquisa realizada pelo International Stress Management do Brasil (Isma-BR)[2] que, ao consultar pessoas com idades entre 25 a 60 anos, concluiu que 30% dos entrevistados desenvolveram a síndrome de *burnout* (ou *burn-out*), mais conhecida em tempos passados como estafa. Essa síndrome decorre da exposição prolongada ao nível elevado de estresse, provocando na pessoa uma exaustão física e mental que repercute em problemas de convivência social, outras síndromes, como a do pânico, e até problemas físicos.

Ainda de acordo com a Isma-BR, 76% dos entrevistados sentiam-se infelizes com a vida profissional. Esse dado revela uma situação preocupante: a um número muito maior de profissionais insatisfeitos do que satisfeitos com seus trabalhos.

Os motivos para que ocorra a insatisfação podem ser diversos, podendo estar associados a questões extrínsecas ou intrínsecas ao indivíduo. É capaz que esteja perguntando o que seriam essas questões extrínsecas e intrínsecas. Explico! Por questões extrínsecas podemos entender todos os estímulos externos ao indivíduo, geralmente materiais, que participam na alteração da satisfação do trabalhador, como, por exemplo, premiação, promoção, aumento de salário e oferta de benefícios. As questões intrínsecas, por sua vez, dizem respeito aos estímulos proferidos diretamente

---

[2] Dados publicados na Revista digital FEHOESP 360, 9ª edição, de maio de 2017. Disponível em: http://www.ismabrasil.com.br/img/estresse105.pdf.

ao indivíduo, alterando seus sentimentos e, em consequência, seu nível de satisfação. Como exemplo de fatores intrínsecos temos o nível de autonomia dado ao trabalhador, a valorização ou desvalorização de seu trabalho, a exposição ao assédio e a pressão, dentre outros.

A permanência prolongada a um ambiente ou a uma relação que nos gera insatisfação interfere nas nossas emoções. Alterações constantes e negativas de nossas emoções conduzem-nos, como em um efeito em cadeia, ao adoecimento. Por isso tantos estudos revelam-nos o alto percentual de profissionais que adoeceram. Definitivamente, os ambientes laborais adoecem física e psiquicamente as pessoas, cada vez mais numerosamente, revelando um problema sobre o qual as empresas, o Estado e os indivíduos não devem mais fugir ao debate. Evitar o adoecimento mental relacionado ao trabalho é desafio a ser enfrentado, tanto por tratar-se de uma questão de direito à saúde, como em razão dos prejuízos econômicos que ele gera às empresas e ao Estado.

A cultura empresarial, as novas relações de trabalho, a precarização do trabalho (intermitente, contratação a prazo, por tempo parcial, baixos salários, falta de direitos trabalhistas, terceirização etc.) tornam o ambiente ainda mais tóxico e colaboram por reduzir o prazer pelo exercício laboral. Em seu lugar, vimos crescer o sofrimento, a depressão, a humilhação, o adoecimento e o isolamento dos trabalhadores.

A Organização Pan-Americana de Saúde (PAHO) estima que 1 em cada 10 pessoas, em algum momento da vida, precisará de cuidados com sua saúde mental, relacionados às questões relativas às suas atividades laborais. Mesmo assim, os contextos macros e microssociais que agem sob os trabalhadores são constantemente desconsiderados pelas empresas, pelo poder público e até mesmo pelos próprios trabalhadores.

Feita essa breve introdução ao tema que desejamos explorar neste capítulo, convidamos você a conhecer sobre a percepção dos trabalhadores quanto à saúde de seus ambientes de trabalho e ao papel das empresas no cuidado de seus trabalhadores.

O ambiente de trabalho pelos trabalhadores

Buscando entender a percepção e as demandas dos trabalhadores com relação à saúde mental no ambiente de trabalho, realizamos entre outubro e dezembro de 2019 uma pesquisa da qual participaram 1078 pessoas de diferentes perfis. Utilizamos um questionário, disponibilizado em plataformas virtuais, para ser preenchido de forma voluntária por trabalhadores brasileiros, independentemente de sua posição na empresa e localização geográfica. Trabalhadores em cargos operacionais (39%) foram os mais expressivos, seguidos por trabalhadores com cargos administrativos (20%) e técnicos/analistas (11%). Cargos de chefia, como coordenadores, gerentes e diretores/presidentes representaram 6%, 5% e 3% do total, respectivamente.

Do total de entrevistados, 75% identificaram-se como mulheres, 24% como homens e 2% como agêneros ou LGBTQI+. Esses dados confirmam a tendência nacional quando o assunto é atenção à saúde: as mulheres cuidam mais de sua saúde do que os homens, fato que contribuiu para o cenário de mais mortes de homens do que de mulheres em quase todas as faixas etárias. Ou seja, as mulheres interessam-se mais em cuidar de si mesmas, seja participando de pesquisas, realizando exames preventivos, seja executando os devidos tratamentos.

Ao serem perguntados sobre o que mais os desmotiva no ambiente de trabalho, mais da metade dos entrevistados citaram a desvalorização de suas tarefas laborais (55% citaram isso como principal fator). As respostas a seguir permitem-nos algumas reflexões interessantes. Uma delas é o fato de a liberdade, a autonomia e o reconhecimento do trabalho serem importantes fontes de prazer no exercício laboral, podendo agir como inibidores do estresse, da fadiga e do adoecimento.

Gráfico 1: Principais causas pela desmotivação dos trabalhadores

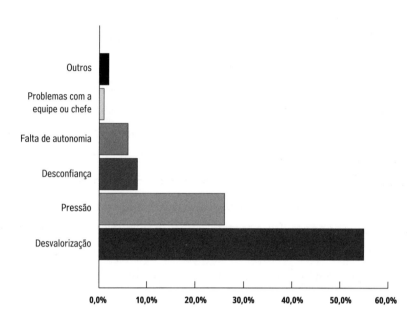

Outro aspecto que nos salta aos olhos ao observarmos é o fato de, não obstante, parte dos entrevistados citarem problemas com a equipe e/ou chefe direto (2%) como principal fator. Todas as demais respostas – a exceção de "outros" – estão relacionadas à forma como a chefia estabelece relação com seus subordinados, com destaque para a resposta "pressão" (28%), exercida por algum superior na hierarquia do trabalho e geralmente associada a uma cobrança por metas cada vez mais difíceis de serem alcançadas. Problemas com a equipe e/ou chefe direto estão intimamente relacionadas à cultura adotada pelas empresas, que promove a competitividade entre os trabalhadores, em vez de estimular a colaboração e trata o poder autoritário como aceitável, quando não o modo correto de empreender a chefia.

As respostas que encontramos para essa pergunta aproximam-se bastante de algumas obtidas pela pesquisa do Isma-BR, que aponta 31% dos

DOENÇA CORPORATIVA

entrevistados desmotivados em seus trabalhos e 52% insatisfeitos com seus gestores. Em comum, o que essas pesquisas nos comunicam é o alto percentual de trabalhadores insatisfeitos, desmotivados e o papel dos gestores no sentimento dos trabalhadores.

Segundo a pesquisa que realizamos, quando perguntados sobre como classificavam seus chefes, 61% lhes conferiram personalidades difíceis ou desagradáveis, como nos mostra o gráfico abaixo. Para fins de esclarecimento, dentre as atribuições mais recorrentes na categoria "outros", estão: homofóbicos, agressivos, machistas e incompetentes. Isso nos demonstra que esses chefes tornam o ambiente de trabalho menos harmônico, não apenas por possuírem características individuais que dificultam ou melindram a relação interpessoal, mas, sobretudo, porque resultam em relações de abuso de poder e em opressão e desrespeito ao trabalhador.

Gráfico 2: Principais características atribuídas aos chefes

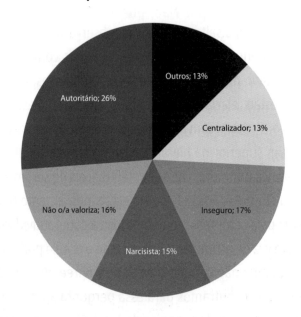

A compreensão da relevância da chefia no bem-estar do trabalhador confirma-se na resposta seguinte: quando 32% dos entrevistados atribuem aos seus superiores as causas de suas irritações e desmotivações. Esse percentual pode ser ainda maior se entendemos que a ação do chefe pode estar relacionada às demais respostas mais recorrentes: toxidade no ambiente de trabalho (22%), burocracia (14%) e natureza do trabalho (13%). Dada a importância do papel do chefe no adoecimento mental dos trabalhadores, o próximo capítulo focará nesse tema.

Apenas 16% dos entrevistados relacionaram as causas de suas irritações e desmotivações em aspectos externos ao ambiente de trabalho. Com isso, notamos o quanto os entrevistados reconhecem que o ambiente de trabalho é um potente causador de mal-estares e adoecimento mental.

Mas será que todos se sentem mal em seus ambientes de trabalho na maior parte do tempo? Não, por evidente. No caso de nossa pesquisa, 29%, sentem-se motivados, tranquilos e não afetados negativamente por qualquer motivo. Isso pode ocorrer em razão dessas pessoas conviverem em ambientes mais harmônicos ou posicionarem-se de uma forma que as proteja da toxidade no ambiente de trabalho, seja por alienação ou por investimento em cuidados com sua saúde mental.

A grande maioria (71%), contudo, experimenta sentimentos negativos na maior parte do tempo no ambiente de trabalho. Como vemos no gráfico a seguir, os sintomas mais comuns que atingem os trabalhadores são a irritabilidade, o cansaço (fadiga), a ansiedade e a depressão.

Gráfico 3: Principais sentimentos vivenciados no ambiente de trabalho

Sentimento	%
Irritado/estressado	22,0%
Cansado	21,0%
Ansioso	19,0%
Triste/deprimido	18,0%
Preocupado	8,0%
Com medo	3,0%
Desmotivado	2,0%

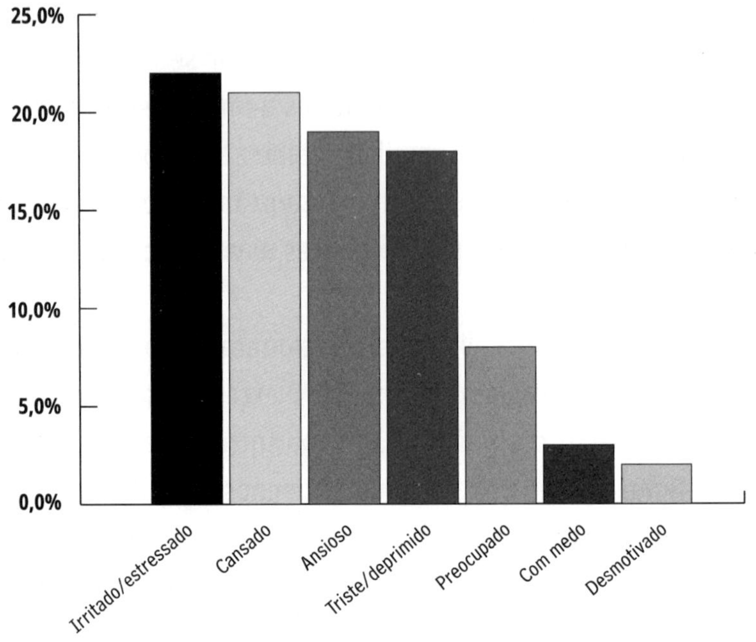

Aqui, cabe uma nova observação. No questionário, as pessoas deveriam indicar apenas o sentimento que experimentavam por mais tempo em seus trabalhos. Devemos lembrar que a tendência é tentar vários sentimentos ao longo de determinados períodos. A persistência e a evolução de determinados sentimentos negativos, inclusive dando lugar a novos sentimentos e mais danosos, podem servir como indicadores de adoecimento mental.

Em outras palavras, e retomando o que pudemos pincelar no capítulo anterior, não há um problema em si quando sentimos algum tipo de mal-estar no ambiente de trabalho. A frustração, por exemplo, pode ser um sentimento que independa da relação de competência de determinado colaborador, ou da toxidade laboral, visto que pode ser fruto da própria natureza de determinado trabalho, como, por exemplo, aqueles relacionados às agendas psicossociais, ou até mesmo os que dependem em grande parte de fatores externos, como mercado mundial ou de exportações, quando os riscos da internacionalização da economia alteram a dinâmica da empresa, obrigando uma revisão de metas. A frustração, nesse caso, não pode ser vista como algo individualizado ou adoecedor, e sim como uma possibilidade de se elaborarem novas possibilidades para enfrentar determinado desafio, ou seja, ela pode funcionar como um motor propulsor de mudanças e ânimo se bem trabalhada pelos seus responsáveis.

Quando questionados sobre já terem desencadeado algum transtorno mental, metade dos entrevistados afirmou ter tido ao menos uma vez algum tipo de transtorno mental e uma parte significativa (21%) disse não saber. Lidamos com um cenário de, ao menos, metade de entrevistados com ocorrência de transtorno mental, tornando esses trabalhadores alvos prioritários de ações de prevenção e cuidados com a saúde mental, e impondo às empresas o desenvolvimento urgente de ações que ajudem na superação desse quadro.

As doenças mentais mais citadas pelos entrevistados que já manifestaram algumas delas foram transtornos de ansiedade (58%) e depressão (18%), corroborando com os dados da OMS que identifica a população brasileira como uma das que mais sofrem com esses dois transtornos. Também foram citados com alguma recorrência a fobia social e a síndrome do pânico.

É importante salientar dizer que a tendência é que as pessoas mais idealistas e perfeccionistas desenvolvam alguma doença/transtorno mental mais facilmente, porque a realidade cotidiana no trabalho frustra a realização de suas intenções. Também são essas as pessoas que com mais frequência trabalham em excesso e têm dificuldades em estabelecer limites de tempo e lugar para se dedicarem às suas funções, ficando mais vulneráveis a estafas e exaustão emocional.

Apesar de ao menos metade dos entrevistados terem vivenciado transtornos mentais, apenas 41% fizeram algum tipo de tratamento, tendo recorrido a atendimentos com profissionais em saúde mental, destacadamente psicólogos e psiquiatras, como demonstrado no gráfico abaixo. Embora a tendência seja a pessoa buscar apoio de profissional do campo da saúde mental, algumas pessoas optam por outras formas de combater o adoecimento mental, como praticar meditação, yoga e exercícios físicos.

Diante das evidências de que parte significativa dos trabalhadores está com sua saúde mental fragilizada, o que as empresas estão fazendo para reverter ou reduzir as ocorrências do adoecimento mental?

Gráfico 4: Formas que utilizam para cuidar de sua saúde mental

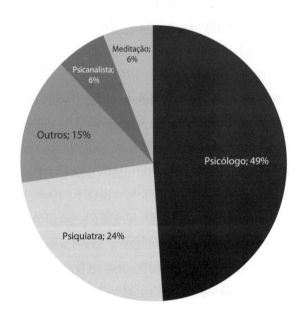

Segundo nossos entrevistados, apenas 10% trabalham em empresas que ofertam algum programa voltado à saúde mental dos funcionários,

15% desconhecem existir algum programa ofertado por sua empresa e 75% disseram que suas empresas não lhe proporcionam qualquer tipo de atenção à saúde mental.

Um primeiro aspecto sobre o qual podemos refletir é a porcentagem de pessoas que não soube responder. Mais, possivelmente, tratam-se de empresas que não oferecem algum tipo de apoio; por outro lado, é possível que algumas dessas empresas não informem devidamente aos funcionários sobre o apoio existente.

Recordo-me de um caso que acompanhei há poucos anos no qual uma empresa de médio porte decidiu por instalar-se em um edifício comercial que possui área *fitness* e *spa* para atendimento dos funcionários de todas as empresas alocadas ali. Curiosamente, quase a totalidade dos funcionários da empresa que acompanhava desconhecia a possibilidade de utilizar aqueles espaços. Percebemos com esse exemplo que não basta a empresa investir em determinadas ofertas, é preciso que estas façam parte de um programa, capaz de comunicar corretamente e incentivar os funcionários a usufruir dos benefícios como forma de prevenção.

A comunicação entre empresa e seus colaboradores pode tornar-se uma ferramenta amistosa para a prevenção do adoecimento mental, tanto no sentido da divulgação de políticas internas, programas e campanhas, como também no caso em que são necessários uma escuta qualificada e um acolhimento mais direcionado. Assim, sugere-se a importância de diálogo entre os setores de comunicação e de recursos humanos e a presença de profissional capacitado para atender às demandas oriundas da saúde emocional dos que ali trabalham. São ações simples, mas que, se bem coordenadas, podem significar resultados expressivos no ambiente de produção.

Outro dado que nos chama atenção é o baixo percentual, no universo de pesquisados, de empresas que investem em ações de prevenção da saúde mental de seus funcionários. Empresas de maior porte tendem a ter mais condições para ofertarem tais ações à medida que, quanto menor a empresa, em teoria, menos capacidade financeira detém para empreender esse investimento.

Mas, então, estamos diante de uma realidade em que apenas grandes empresas e algumas de médio porte têm condições de investir na prevenção e cuidados com a saúde mental de seus funcionários? Entendemos que não e explicaremos o porquê mais adiante.

Considerando os entrevistados que responderam positivamente a pergunta anterior, sobre oferta de benefícios pela empresa para cuidados com a saúde mental, 36% descreveram o tipo de benefício como atendimento psicológico, incluindo tanto a permanência de um profissional específico no ambiente de trabalho, quanto – e principalmente – atendimento por meio do plano de saúde. Outros 26% relataram que suas empresas realizam palestras sobre o tema e outros 38% citaram benefícios diversos, tais como aconselhamentos, subsídios para atividades físicas, flexibilização das horas de trabalho, atividades de relaxamento, ambientes descontraídos e práticas de *mindfulness*, para citar alguns.

Quando perguntados sobre quais tipos de apoio e investimentos para a manutenção de sua saúde mental gostariam que suas empresas ofertassem 29% mencionaram atividades físicas (incluindo esportes, academia, dança e pilates), 27% atendimento com profissionais especializados (psicólogos, psiquiatras ou psicanalistas), 18% terapias alternativas (a exemplo de *shiatsu* e acupuntura), 13% meditação ou yoga, 11% não souberam responder e 3% citaram outros recursos, tais como música (aulas e ambientalização do espaço); reserva de espaços descontraídos, com livros, músicas ou espaços para relaxamento no ambiente de trabalho; e maior contato com a natureza. É possível notar que as estratégias de prevenção de doenças mentais citadas incluem diferentes atividades físicas e mentais.

No caso das respostas citadas, os entrevistados manifestaram-se por meio de múltiplas escolhas, ou seja, optaram por mais de uma modalidade de ação como forma de cuidar de sua saúde mental. Esse fato revela algumas questões importantes que merecem ser grifadas. Uma delas é, reiterando o que foi dito no capítulo anterior, o fato de que o *locus* da percepção sobre saúde/adoecimento está no indivíduo e, portanto, ainda que haja limites para identificar o tipo de tratamento/investimento que deve utilizar, cada um de nós tem a capacidade de identificar os processos, as ações, que nos fazem sentir melhor ou pior.

Para não ser julgado como leviano, esclareço que essa capacidade individual tem como limite nosso autoconhecimento, as informações de que dispomos e, principalmente, o tipo de patologia com a qual lidamos. Mas, o que me parece importante entender aqui é o fato de cada indivíduo ser dotado, em maior ou menor grau, das condições para reconhecer aquilo que lhe faz bem e aquilo que lhe faz mal.

Aqui vale voltarmos à compreensão de saúde mental preconizada pela OMS, que considera as pessoas como seres complexos e indivisíveis, estando a saúde mental, portanto, relacionada tanto a saúde física do indivíduo, quanto a fatores externos.

Do desejo manifestado à aplicação do cuidado

Dito isso, vamos examinar um aspecto que dialoga com a percepção dos entrevistados sobre a importância de conjugar ações para o cuidado de sua saúde mental. Desenvolveremos o raciocínio exploratório desse ponto tomando como fio condutor o exemplo da medicina ayurvédica. Estima-se que essa medicina oriental seja uma das mais antigas do planeta, existindo há pelo menos 5 mil anos.

Formulada sobre princípios bastante distintos da medicina tradicional ocidental, sua compreensão requer um esforço de abstração do tipo de medicina tal como a compreendemos. Sem pretensão de formular descrições muito elaboradas e profundas sobre ela, o que redirecionaria o foco do debate proposto nesse momento, limitar-nos-emos a aspectos que avalio estratégicos para compreender o cerne da questão.

Essa medicina conjuga diversas práticas, como massagem, aromaterapia, meditação e alimentação (adequada a cada indivíduo), como forma de estabelecer o equilíbrio holístico do indivíduo, harmonizando corpo e mente. O corpo e a mente são duas partes de um todo que deve ser cuidado indissociadamente, cotidianamente – e não somente na doença –valendo-se de diversas práticas que se complementam.

Embora venhamos de uma tradição distinta da medicina oriental, muitos de nós reconhecem a necessidade de conjugar ações, que se complementarão na tarefa de manter-nos mais equilibrados e fortalecidos para lidar com as pressões do dia a dia.

Cada ação que realizamos, desde alimentação à prática de atividades físicas, estimula em intensidades diferentes neurotransmissores, hormônios e outras substâncias em nosso organismo, a exemplo da serotonina, endorfina e o ácido gama-aminobutírico, alterando a composição química dos nossos corpos e interferindo nos nossos humores, sensação de tranquilidade/inquietude, bem-estar, medo, ansiedade etc.

Em algum momento já olhou ou pensou em determinada comida, que não está incluída entre seus pratos prediletos, e sentiu profundo desejo/necessidade em ingeri-la? Já ouviu a justificativa popular que atribui esse acontecimento ao nosso corpo manifestando a carência de determinada vitamina ou outro elemento vital do alimento desejado? Pois bem, em analogia, podemos entender que a percepção sobre a necessidade de conjugar atividades para mantermo-nos mais saudáveis fundamenta-se pela forma como cada uma impacta o corpo físico e mental de cada indivíduo que, por sua vez, apresenta composições corpóreas ligeiramente sutis e vivências cotidianas distintas, implicando, por conseguinte, em necessidades particulares para o cuidado de sua saúde.

Agora que analisamos as respostas sobre o acesso a práticas de prevenção e tratamento da saúde mental e também o interesse dos trabalhadores por estas, retomemos a questão que ficamos por desenvolver: o entendimento de que toda empresa, independentemente do tamanho, pode investir em práticas para cuidado com a saúde mental de seus funcionários.

O cuidado é um direito seletivo?

Ainda que concordemos que quanto maior as empresas tenderão a ter mais condições de oferecer aos seus funcionários cuidados com sua saúde mental, não parece verossímil afirmar que as pequenas empresas são desprovidas de condições para isso, ainda que por evidente terão condições mais limitadas para oferecer benefícios que lhe exijam maiores investimentos.

Voltando para as respostas sobre os tipos de benefícios ofertados pelas empresas dos entrevistados e para o tipo de benefício que gostariam de possuir para cuidar da saúde mental, podemos notar que algumas dessas ações dizem respeito à ambientalização do espaço de trabalho, de modo a torná-lo mais agradável e estimular o bem-estar dos funcionários.

Este é um exemplo de investimento que pode ser feito exigindo pouco das empresas. Outro bom exemplo é a flexibilização do trabalho, permitindo que parte das horas semanais sejam feitas em *home office*, ou adequação de horário de entrada e saída, de acordo com as necessidades dos funcionários, principalmente no caso de mulheres mães, que muitas vezes precisam conciliar a rotina dos filhos à sua própria rotina de trabalho.

Contudo, diante da prática hegemônica de atribuir o adoecimento mental a um problema particular do trabalhador e, consequentemente – ainda que não intencionalmente – culpabilizá-lo, a empresa negligencia sua responsabilidade nesse resultado e, uma vez que não reconhece sua participação, não investe, ou não investe adequadamente, nos cuidados com a saúde mental de seus trabalhadores. Diante dessa realidade, podemos concluir que as empresas desempenham um duplo papel na manutenção da saúde mental de seus funcionários: tanto em razão de contribuírem, de fato ou potencialmente, para o adoecimento dos trabalhadores, quanto em razão de poderem apoiar o bem-estar mental e recuperação de seus trabalhadores.

O enfrentamento das situações de trabalho que geram um processo de adoecimento físico e mental nos trabalhadores precisa ser feito, mas, infelizmente, este tem sido negligenciado em razão de questões que passam pelas formas de organização financeira e produtiva das empresas e pela falta de implementação de novos mecanismos de gestão, para citar dois dos aspectos fundamentais nesse debate[3].

No capítulo a seguir, focaremos nas empresas de modo a analisarmos como, ao longo dos anos, elas vêm se posicionando para assegurar a saúde mental dos trabalhadores.

---

3 Para aprofundar o entendimento nesse debate sugiro algumas leituras: (a) Seligmann-Silva E. Trabalho e desgaste mental: o direito de ser dono de si mesmo. São Paulo: Cortez; 2011; (b) Bernardo MH. Trabalho duro, discurso flexível: uma análise das contradições do toyotismo a partir da vivência de trabalhadores. São Paulo: Expressão popular; 2009; (c) Gaulejac V. Gestão como doença social: ideologia, poder gerencialista e fragmentação social. São Paulo: Ideias e letras; 2007; (d) Pina JA, Stotz EM. Intensificação do trabalho e saúde do trabalhador: uma abordagem teórica. Rev Bras Saude Ocup. 2014.

Capítulo 4
ANALISANDO A SAÚDE MENTAL NO MUNDO CORPORATIVO: COMO AGEM AS EMPRESAS?

A relação empresa x trabalhadores ao longo dos tempos

O mundo corporativo vem passando por rápidas e profundas mudanças ao longo das últimas décadas. Dentre essas, uma das mais transformadoras é o fato de o capital econômico ter deixado de desempenhar um papel determinante no sucesso de uma empresa. E o que isso significa exatamente? E quais as consequências dessa mudança?

Quando o modelo de gestão fordista (mais conhecido como fordismo) foi implementado, na década de 1910, logo se tornou o padrão a ser seguido por todas as empresas que desejavam alcançar o sucesso. Naquele momento, a empresa ditava o desejo dos clientes. A produção em massa e não personificada refletia a forma como as empresas enxergavam os clientes: uma massa homogênea de compradores. Quanto à relação que mais nos interessa, com os trabalhadores, a empresa os tratava como máquinas, cuja criatividade era dispensada e o interesse vital era na capacidade de produção ágil e mecanizada que pudessem ter.

Esse período, também conhecido como era da produção, mantém-se nesses termos até o final da década de 1950, quando se inicia a chamada era das vendas. Na década que se segue, a competitividade amplia-se e com ela a disputa por cliente. As empresas veem-se diante da necessidade de atrair clientes, fato que as leva, por consequência, a alterar sua forma de enxergar o trabalhador.

Antes a função do trabalhador era executar uma tarefa repetitiva e parcelada do conjunto de ações necessárias para conclusão do que se desejava. Aquele trabalhador não precisava ser criativo, proativo, nem usar sua inteligência; ao contrário, sua participação era alienada do todo e despreocupada com o resultado final. Tudo que precisava era realizar sua função na produção em massa de determinada coisa. A empresa cobrava desse trabalhador apenas uma alta produção, dispensando qualquer contribuição a mais.

Na era das vendas, as empresas passam a entender que esse trabalhador faz parte de uma cadeia de relações e que, portanto, deve assumir um papel mais ativo e integrar a missão de atrair os clientes. Seu novo papel rompe a barreira da desumanização – em que era tido como mera extensão da máquina – e da reprodução mecanizada e parcelada. A partir de então, o trabalhador passa a ser visto como um integrante que pode influenciar no sucesso da empresa executando ações ou assumindo posturas que favoreçam a conquista de clientes.

A partir de 1990, o mercado vive profundas e rápidas transformações, acompanhada por uma alta competitividade que levou as empresas a baixarem os preços no mercado e darem início a uma "guerra de descontos". A alta competitividade do mercado soma-se a outros fatores como, por exemplo, o surgimento de um consumidor mais exigente.

Esse cenário vai intensificando-se até que na década de 2010, quando uma infinidade de empresas oferece uma imensa variedade de produtos e serviços, disputando preço e qualidade. Essa nova realidade contribuiu para que os gestores das empresas notassem que, em longo prazo, a guerra de descontos não resultava em lucratividade, tampouco era suficiente para manter os clientes. Era preciso criar novas estratégias de relacionamento com os clientes, que fossem capazes de aliar rentabilidade com sustentabilidade econômica dos negócios.

Manter bons e estáveis os relacionamentos com os *stakeholders* passou a ser tão importante, ou mais, do que alcançar os lucros desejados. Assim, os empresários voltaram suas preocupações para a satisfação do cliente, o que os levou a reorientarem as relações comerciais de seus negócios. A satisfação do cliente tornou-se imperativa e o meio pelo qual seria possível uma empresa obter e manter o cliente.

Notem: o foco que antes era o de obter clientes desloca-se para reter e fidelizar os clientes. O maior esforço passa a ser o de manter o cliente por longo tempo. Essa mudança só foi possível porque os empresários tomaram consciência do valor potencial de lucro existente na conservação dos clientes. As empresas passam a apostar em técnicas de *marketing* integradas, em tecnologias e em processos para melhor conhecer seus clientes e, assim, oferecer-lhes serviços e produtos customizados, além de gratificações para mantê-los fiéis à empresa.

Em paralelo, a relação da empresa com os trabalhadores, inevitavelmente, altera-se. Nem sempre na mesma ordem de importância ou no mesmo tempo, mas sempre que a relação entre empresas e clientes sofre transformações, essas passarão por todo o quadro da empresa, ainda que de forma diferenciada.

Podemos entender essa relação a partir de duas conduções distintas, e até em certo sentido antagônicas. O tema é complexo e certamente envolve mais do que essas duas formas que tomaremos como exemplo, mas, para o objetivo deste livro, esses exemplos retratarão bem os "tipos ideais[1]" de relacionamentos que analisaremos como condições, até certo ponto, extremas.

Um dos tipos diz respeito aos profissionais autônomos e informais. A ideia de autonomia e flexibilidade levou muitos profissionais a optarem seguir por caminhos autônomos, com a ideia de que assim conseguiriam conjugar liberdade, independência e qualidade de vida com o trabalho. Outros, no entanto, viram-se obrigados a ingressar nessa condição de trabalho.

Falar sobre os trabalhadores autônomos e informais é importante porque esse grupo de pessoas representa um contingente expressivo da população brasileira, que inclusive tende a aumentar e até mesmo tornar alguns empregos formais raros. Segundo uma pesquisa realizada pelo Instituto Brasileiro de Geografia e Estatística (IBGE) e publicada em 2020, do total de 93,4 milhões de trabalhadores no país, 24,2 milhões trabalham por conta própria e outros 11,6 milhões são empregados sem carteira assinada no setor privado. A taxa média de informalidade no país (41,1%) foi superada em 18 estados, alcançando a maior marca no Pará com 62,4% de trabalhadores na informalidade. Em 11 estados essa taxa supera os 50% e em apenas dois ela fica abaixo de 30%: Distrito Federal (29,6%) e Santa Catarina (27,3%)[2].

Esses profissionais não usufruem da promessa de "estabilidade financeira", nem dos benefícios comuns aos funcionários de carteira assinada, como o salário regular, férias, 13º salário, o desejado plano de saúde, auxílio-creche e outros.

---

[1] Segundo a concepção de Max Weber, esse termo é usado para ilustrar tipologias puras, e com elas ser possível compreender determinados aspectos da sociedade.

[2] Segundo matéria publicada no portal Rede Brasil Atual, em 14/02/2020, e disponível no site: https://www.redebrasilatual.com.br/economia/2020/02/pais-tem-11-estados-com-mais-de-50-na-informalidade-que-sustenta-o-emprego/.

Falar sobre esses trabalhadores é importante porque suas condições mais livres/flexíveis de trabalho – ao menos em teoria – e o tão desejado trabalho remoto, para alguns, não os impedem de serem expostos a situações de estresse, ansiedade e violências que contribuem para que venham a adoecer. Na realidade, se a empresa para as quais essas pessoas trabalham/prestam serviços não humanizam suas relações de trabalho, a tendência é que esse trabalhador, cedo ou tarde, adoeça.

Historicamente, no entanto, as empresas abstiveram-se da responsabilidade com os colaboradores externos e sem carteira assinada, realidade que não se alterou. Ainda hoje, no caso de adoecimento mental desses trabalhadores, os cuidados de prevenção e de cura dependerão exclusivamente de seus movimentos individuais.

Engana-se quem supõe que o adoecimento desses trabalhadores não interfere negativamente nas empresas. Devemos lembrar de que uma parte significativa desses trabalhadores são empregados sem carteira assinada e outra parte presta serviços na condição de autônomo às empresas. Assim, mesmo que a informalidade reduza os custos da empresa com esses trabalhadores, o adoecimento mental dessas pessoas interfere na qualidade, no prazo e muitas nos custos e lucros da empresa.

O outro tipo ideal é ilustrado pelo trabalhador formal, ou seja, aquele que tem assegurado os direitos trabalhistas, e parte desses ainda recebe benefícios adicionais. Até recentemente, e para alguns ainda hoje, ser fixo em uma empresa era a conquista de um objetivo, a representação do sucesso ou a segurança desejada.

Como bem vimos no capítulo 1 deste livro, as condições às quais os trabalhadores formais são expostos estão longe de ser saudáveis, fato que se reflete no elevado número de trabalhadores afastados por doenças mentais. Por outro lado, são esses que mais podem contar com assistência da empresa com prevenção e cura.

Até um passado não muito distante, quando adoeciam, esses trabalhadores contavam com a assistência do INSS e, os mais afortunados, com o plano de saúde para ajudá-los a superar crises e disfunções mentais. Ainda hoje, o nível de consciência das empresas com relação aos impactos do adoecimento mental de seu funcionário e colaboradores em seus negócios e seu papel nos processos de adoecimento e de cura ainda estão aquém do que deveriam, mas, aos poucos, as empresas parecem estar desenvolvendo essa consciência e revendo suas formas de lidar com esses profissionais.

É evidente que a atenção tem sido direcionada para os funcionários, para os trabalhadores formais, deixando os demais sozinhos para lidar com sua saúde mental. Se você é autônomo, profissional liberal ou funcionário sem carteira assinada, não se desespere! No capítulo 7 você conhecerá diversas e variadas técnicas que poderão ser usadas na prevenção e no cuidado de sua saúde mental.

A saúde dos trabalhadores impacta nos lucros e resultados da empresa

O adoecimento mental dos trabalhadores é uma questão de direito à saúde; tem estreita relação com o campo da saúde pública e com os resultados na economia. Inclusive, por isso, é importante que os tomadores de decisão das empresas, a quem os níveis de lucratividade e os padrões de eficiência, eficácia e efetividade são profundamente relevantes, conscientizem-se sobre o impacto da saúde mental para a economia de seus negócios. Trabalhadores formais, informais e autônomos quando adoecidos mentalmente causam prejuízos às empresas.

Alguns estudos econômicos demonstram que a saúde da população é determinante para o crescimento econômico[3]. Trabalhadores saudáveis, física e

---
[3] A exemplo do relatório *Macroeconomics and Health: Investing in Health for Economic Development* realizado pela Organização Mundial da Saúde, no ano de 2001.

mentalmente são mais dispostos, produzem mais e podem, inclusive, ganhar melhores salários. Mas a relação entre saúde e crescimento econômico não se restringe à esfera do indivíduo. Também as empresas e a economia de determinada sociedade atingem números mais elevados quando a população goza de saúde. Isso porque os trabalhadores tornam-se mais produtivos e criativos, apresentando melhores resultados que se traduzem em maior atratividade para os investidores e maior lucro para as empresas.

Essa realidade permite-nos adicionar a já conhecida relação entre renda e saúde, traduzida no fato de maior renda possibilitar melhor saúde, mas a relação casualística inversa também ocorre, ou seja, quem goza de mais saúde, tem maiores chances de receber melhores salários. Isso porque a saúde traduz-se, como dito anteriormente, em produtividade e criatividade, consequentemente destaque e lucro.

O reconhecimento da repercussão positiva às empresas que investem na saúde de seus colaboradores levou o Fórum Econômico Mundial, por meio do documento intitulado *Working Towards Wellness*, em 2008, a recomendar às empresas que investissem na saúde e no bem-estar de seus funcionários pelo bem de seus negócios.

A PAHO e a Organização Mundial de Saúde (OMS) estimam que para cada US$ 1 que as empresas investem em tratamento para controle de transtornos mentais comuns, como depressão e ansiedade, são retornados US$ 4 a estas empresas. Outra fonte[4] estima que, para 56 centavos de dólar investidos em um funcionário com a saúde mental comprometida, a empresa recupera 1 dólar em produtividade com sua recuperação.

Ainda segundo a PAHO e a OMS, uma análise recente, que calculou custos de tratamento e resultados de saúde em 36 países de baixa, média e alta renda, concluiu que baixos níveis de reconhecimento e de oferta em

---

[4] Mills; Kessler; Cooper; Sullivan, 2007.

cuidados para depressão e ansiedade resultam em uma perda econômica global da ordem de US$ 1 (hum) trilhão todos os anos[5].

Outro dado, fornecido pela Organização para a Cooperação e Desenvolvimento Econômico (OECD), revela que as doenças mentais repercutem em significativa redução do potencial de oferta de trabalho, em razão do absenteísmo, da aposentadoria precoce e da exclusão social que acomete aqueles que sofrem de algum tipo dessa doença, que são milhares de pessoas[6].

Podemos adicionar a essa lista os prejuízos decorrentes do *turnover*, que se refere ao desligamento de um profissional e à contratação de um substituto, e presenteísmo, que traduz a condição em que o funcionário está presente fisicamente, mas ausente mentalmente, resultando em baixa produtividade. Esta realidade implica altos custos econômicos para o mundo corporativo, para o estado[7] e também altos custos sociais.

Outra questão dentre as mencionadas anteriormente que vale nossa atenção é a exclusão social dos trabalhadores que sofrem ou sofreram de algum tipo de doença/transtorno mental. Uma dimensão dessa exclusão, já discutida neste livro, diz respeito ao fato dessas pessoas serem, comumente, julgadas como profissionais frágeis, problemáticos e inferiores. Suas condições resultam de suas fraquezas e deficiências, segundo esse julgamento. Assumir publicamente o adoecimento/transtorno é, compulsoriamente, ser alçado a uma condição merecedora de avaliação que, com muita frequência, diagnosticará o trabalhador como culpado

---

[5] Notícia de 2018 divulgada na página da Organização Pan-Americana de Saúde, disponível em: https://www.paho.org/bra/index.php?option=com_content&view=article&id=5694:saude-mental-e-necessario-aumentar-recursos-em-todo-o-mundo-para-atingir-metas-globais&Itemid=839.

[6] A publicação de 2015, intitulada Fit Mind, Fit Job, encontra-se disponível em: http://www.oecd.org/els/fit-mind-fit-job-9789264228283-en.htm.

[7] Como vimos no capítulo 1 desse livro, dados da Previdência e Assistência Social revelam a incidência de doenças psíquicas entre a população em idade produtiva é a terceira maior causa de afastamento do trabalho no país.

por sua enfermidade, quando não também lhe manterá à distância como se possuísse uma grave doença contagiosa, ou como se, em um surto, fosse causar problemas a qualquer inocente.

Outra dimensão dessa exclusão relaciona-se ao fato de, como em qualquer doença, a pessoa que não está em sua plena saúde mental reduz seu potencial produtivo. Na doença, até mesmo em tarefas que antes eram feitas de forma ágil, fácil e/ou qualificada, perdem vigor. Como resultado, esse profissional é considerado pouco qualificado, alguém que não merece promoções ou elogios, e ainda (e novamente) alguém que tenderá a não ser incluído nas relações profissionais e interpessoais dos que participam os chamados "bem-sucedidos".

Quando não damos a atenção devida a uma questão relacionada à nossa saúde como um todo, a probabilidade de agravos e sequelas é maior e mais certeira. O mesmo acontece com o campo da saúde mental. Transtornos simples e passageiros podem tornar-se crônicos e graves com o passar do tempo, se não acessamos formas de minimizá-los. Em saúde mental, utiliza-se muito o termo comorbidade, que são doenças derivadas de uma questão originária.

Nesse sentido, podemos exemplificar as pessoas que fazem uso abusivo de álcool e outras substâncias, lícitas ou ilícitas, motivadas pela necessidade de geração de prazer que as faça "esquecer" momentaneamente uma angústia, uma pressão, uma frustração. Contudo, se a causa desses mal-estares não estiver sendo trabalhada, a tendência é de que o uso contínuo e não reflexivo tome proporções de "cura", quando na verdade estariam potencializando o adoecimento físico, mental e social dessas pessoas.

Infelizmente, quando uma pessoa atravessa a questão da dependência química, o mais comumente é que seja rechaçada, estigmatizada e se sinta cada vez mais impotente diante desse ciclo. Assim, é importante que as empresas tenham olhos para além do aparente e consigam identificar, em seu quadro funcional, aqueles que aderiram ao uso excessivo de álcool e drogas, e tentar ofertar-lhes novas possibilidades de enfrentamento para as questões, assim como novos sentidos para a vida e para o trabalho.

Lembremos ainda de que o mundo corporativo exige que seus funcionários tenham habilidades comunicativas e certas competências sociais, atributos onde pessoas com problemas mentais apresentam, com frequência, algum nível de deficiência. Não corresponder às expectativas dos patrões pode levar o profissional a uma posição de desvantagem cada vez maior no trabalho.

Por tudo isso, é urgente que as empresas proporcionem ambientes de trabalho saudáveis, como forma de garantir a saúde mental de seus trabalhadores. Para isso, é preciso que invistam em espaços mais acolhedores, estabeleçam relações interpessoais mais salutares e ofereçam apoio por meio de práticas que colaborem para que os trabalhadores consigam desenvolver resistência aos elementos que levam à perda da saúde mental.

O que as empresas estão fazendo para cuidar dos trabalhadores?

As empresas, aos poucos, vão tomando consciência sobre os prejuízos causados pela prática da substituição dos colaboradores e do adoecimento mental destes aos seus negócios, dando início a uma longa jornada de mudança de filosofia (de paradigma). Políticas de valorização dos profissionais e investimento em prevenção e saúde mental vêm ganhando, cada vez mais, atenção no mundo corporativo, configurando-se como um diferencial no mercado e com isso resultando em um duplo benefício às empresas: (1) maior capacidade de atrair e reter profissionais qualificados; e (2) aumentando os lucros/reduzindo prejuízos decorrentes de afastamentos e substituição de profissionais com síndrome de *Burnout*, depressão ou outras formas de adoecimento mental.

Diante das evidências de que programas abrangentes de saúde dos trabalhadores são capazes de aumentar a produtividade dos colaboradores e o lucro das empresas, algumas passaram a adotar ações para promoção da saúde e da produtividade de seus funcionários, embora ainda sejam mais numerosas as empresas que não oferecem quaisquer tipo de apoio aos seus trabalhadores.

Para contribuir com essa reflexão, trago alguns dados (os que foram publicizados) de uma pesquisa recente realizado pela Mercer Marsh Benefícios™, chamada 29ª Pesquisa de Benefícios. Essa pesquisa foi realizada junto a 611 grandes e médias empresas, dentre as quais 43% são nacionais e 57% multinacionais com sedes no Brasil, e avaliou as tendências do mercado em relação à gestão de benefícios, saúde e qualidade de vida de seus funcionários.

A empresa afirmou que os pacotes de benefícios oferecidos são diferenciais estratégicos para atrair e manter talentos em seu quadro de funcionários, além de resultar em maior sucesso dos negócios. Dentre os benefícios mais comuns oferecidos pelas empresas aos seus colaboradores, foram citados: benefícios tradicionais (assistência médica, odontológica e seguro de vida), planos de previdência complementar (privada), benefícios não seguráveis (vale-transporte, vale-refeição, vale-alimentação etc.), facilidades na companhia e flexibilidade no trabalho. Esses dados reafirmam a pouca atenção dada à saúde mental dos trabalhadores e, ainda, concluem que há uma tendência das grandes e médias empresas a oferecerem mais benefícios a seus colaboradores. Contudo, percebemos que isso não implica cuidados com a saúde mental destes.

As empresas, salvo raras exceções, ainda não estão plenamente conscientes dos prejuízos causados pelo adoecimento mental de seus funcionários, tampouco do duplo papel que cabe a elas na prevenção da saúde mental e no tratamento dos adoecidos. Um aspecto que merece atenção é o fato de as empresas estarem ainda menos preparadas para cuidar da harmonização das relações interpessoais, de modo que as ações de um funcionário não adoeçam outros. Isso vale para todas as relações existentes no ambiente corporativo, mas é particularmente alarmante quando se trata da figura do chefe, porque este funcionário não tem como se isentar de uma relação cotidiana.

Entendendo que o chefe tem um papel de destaque na promoção da saúde e do adoecimento dos funcionários, no próximo capítulo focaremos nossa atenção para esse assunto, buscando entender as razões pelas quais as empresas tendem a negligenciar a responsabilidade do chefe no adoecimento dos funcionários e porque este tem um papel de destaque na saúde mental corporativa.

Capítulo 5
O IMPORTANTE PAPEL DA CHEFIA NA SAÚDE DA EMPRESA

Por que o chefe é capaz de alterar a saúde dos trabalhadores?

Vamos, agora, voltar nossa reflexão para um elemento que merece atenção ao falarmos sobre ambientes salutares de trabalho: o papel da chefia. Evidente e inegável o papel que o processo capitalista de produção exerce sobre a saúde dos trabalhadores, assim como não podemos reduzir em importância o duplo papel que as instituições têm na prevenção e cuidado com a saúde dos trabalhadores, ambos os assuntos discutidos nos capítulos anteriores.

Mas, se na escala dos fatores que interferem na saúde do trabalhador, o chefe está em um nível abaixo do sistema capitalista de produção, que rege as relações de trabalho, e também das empresas, que estabelecem os limites sobre os quais todos integrantes podem agir, como é possível que tenha poder suficiente para influenciar o clima do ambiente de trabalho? O chefe não é em si um subproduto das relações de opressão mais gerais e que operam na esfera do trabalho?

Sim, é verdade que o chefe é um subproduto da relação de trabalho, mas também é um ser pensante, detentor de algum grau de autonomia e com poder de influenciar seus subordinados e, por isso, alguém que tem o poder de alterar, mesmo que com alguma limitação, o clima no ambiente de trabalho.

Aprofundemos nossa reflexão com calma! Primeiro, devemos entender sobre o que falamos ao nos referirmos por chefe. Será o chefe apenas aquele que está no topo da hierarquia? Por evidente que não. Devemos ampliar nossa concepção e incluir todos aqueles que possuem cargos de supervisão, coordenação, gerência, diretoria etc. Ou seja, todos aqueles que possuem um cargo de comando, seja ele um presidente, um supervisor seja outro.

E por que, mais do que os outros funcionários, o chefe tem a capacidade de interferir na saúde mental de seus funcionários? Bem, para começar, devemos nos lembrar de que, mais do que delegar tarefas e gerenciar processos, a chefia detém o poder de decisão sobre os negócios e as pessoas, agindo diretamente sobre a gestão de pessoas, seja pela capacidade que tem em potencializar o capital humano, seja pela administração de comportamentos e habilidades, ou ainda pela capacidade de estabelecer canais não ruidosos e não violentos de comunicação. Por tudo isso, a chefia desempenha um papel-chave na promoção de um ambiente de trabalho saudável e produtivo.

Diferenças entre um bom e um mau chefe

Para conseguir manter um ambiente de trabalho ao mesmo tempo saudável e produtivo, mais do que qualquer outro funcionário, o chefe precisa ter uma maturidade e uma inteligência emocional bem desenvolvidas. Contudo, contrariando o cenário ideal, notamos que quase todos trabalhadores já vivenciaram ou assistiram a algum chefe mantendo relacionamentos tóxicos com seus funcionários. Em vez de motivar os funcionários da empresa, de reconhecer e aproveitar as habilidades individuais e de desenvolver novas lideranças, esses chefes acentuam conflitos, não reconhecem habilidades, nem os esforços proferidos pelos colaboradores, desmotivam e adoecem os funcionários. São, portanto, "maus chefes" que, quando muito, atingem metas questionáveis, porque é abaixo do que poderiam, caso os funcionários trabalhassem motivados e em razão de, com frequência, virem acompanhadas de prejuízos não computados relacionados a absenteísmo e rotatividade de profissionais.

Mas, se mesmo assim esses chefes são capazes de atingir as metas fixadas por suas empresas, por que são considerados "maus chefes"? Comecemos por observar alguns sinônimos da palavra "mau" para refletirmos a respeito: perverso, cruel, odioso, desumano, frio, maquiavélico; para citar os mais comuns. Esses sinônimos, alguns mais que outros, são características comumente atribuídas pelos funcionários aos seus chefes. O adjetivo "mau" atribuído ao chefe tem menos a ver com resultados numéricos alcançados – que geralmente são parciais e desconsideram os prejuízos e o potencial de ganho diante de um clima organizacional mais harmônico – e mais com sua frágil habilidade interpessoal para gerir o trabalho.

Narcisistas, autoritários, duros, arrogantes, antipáticos, rígidos, os maus chefes impõem de forma tóxica sua autoridade, abusam do seu poder e, com frequência, criam barreiras invisíveis, mais perfeitamente perceptíveis, que distanciam seus subordinados, colocando-os em um nível inferior e apequenando seus potenciais.

Engana-se quem pensa que este tipo de chefe é o mais eficiente. As consequências de suas práticas sempre incluirão impactos negativos na produtividade, baixa autoestima dos funcionários, conflitos, absenteísmo, rotatividade de profissionais e perda de talentos. Esse cenário desfavorável pode agravar-se quando as ações proferidas pelo mau chefe ganham status de assédio moral. Nesses casos, ampliam-se os prejuízos relacionados à perda de qualidade na produção e de finanças, dado o fato de o funcionário assediado tender a ausentar-se por mais vezes, eventualmente a empresa responder processos e esses casos tornarem-se conhecidos entre os *stakeholders*, manchando a imagem da empresa junto aos acionistas e mercado consumidor.

Comportamentos de violência psicológica são extremamente comuns em maus chefes. Esses comportamentos são manifestados de maneiras diversas, incluindo: pressões demasiadas por cumprimento de prazos e metas; exposição do funcionário; constante supervisão; constrangimento público; ameaça de demissão; comparação de resultados, humilhação e ofensas, para citar alguns exemplos.

Em alguns casos, o chefe alterna seu comportamento disfuncional com elogios ou brincadeiras que, no entanto, não apagam suas atitudes anteriores, tampouco configuram-se como uma mudança real em direção à maturidade emocional necessária para o cargo que ocupa.

Um mau chefe torna infeliz a rotina dos trabalhadores e, com o passar dos dias, o contato prolongado com a fonte de sua infelicidade, estes trabalhadores começam a desenvolver danos em sua saúde física e mental. Como vimos na pesquisa divulgada no capítulo anterior, pelo menos 32% dos trabalhadores entrevistados atribuem a seus chefes a razão do estresse no trabalho.

Podemos afirmar, então, que o alcance de um clima organizacional sadio e de qualidade de vida no ambiente corporativo estão intimamente relacionados à postura da chefia. Assim como também é correto dizer que, como consequências da má chefia, ocorrerão prejuízos financeiros à empresa e o adoecimento dos funcionários.

A cultura organizacional e o mau chefe

Parte dessa desarmonia que acaba por adoecer trabalhadores justifica-se numa cultura empresarial que constrói a figura do chefe com base no autoritarismo, na centralidade do poder, numa postura não dialógica e não cooperativa, onde o chefe, posicionado em um nível hierárquico mais elevado, é representado como o dono absoluto da razão e do conhecimento; alguém que, para ser merecedor do cargo que ocupa, precisa desmerecer os demais, lembrando-os cotidianamente que ele, e apenas ele, é digno desse posto.

É por isso que comumente os chefes são pessoas malquistas entre os funcionários e, se não acumulam denúncias no setor de Recursos Humanos da empresa, nem processos por assédio moral ou outras formas de discriminação, isso se deve menos a sua postura e mais ao medo e a descrença que domina o trabalhador que sofre com suas práticas. A cultura organizacional da empresa, quando não estimula, é condescendente e permissiva com as formas de adoecimento dos funcionários praticadas pelas lideranças e pela chefia.

Algo bem comum, ainda, é a chefia, ciente de suas limitações e incompetências, sentir-se ameaçada e responder a esse sentimento depreciando seus subalternos na tentativa de reduzi-los a um patamar abaixo do seu na tentativa de "invisibilizar" suas deficiências e esconder seus medos. As ações envolvidas nesse processo geram sobrecarga física e/ou emocional a seus subalternos, que começam a apresentar sintomas de estafa, estresse e desestabilidade emocional.

A complexidade do ser humano

Além da cultura organizacional, outro fator precisa ser investigado. Como temos insistido ao longo deste livro, cada indivíduo é um ser complexo e único que precisa conhecer-se para iniciar o reconhecimento sobre os aspectos em si que precisam ser trabalhados para repercutir em uma maior saúde física e emocional. Cada indivíduo é formado por componentes físicos e emocionais, elementos tangíveis e intangíveis, consciência e subconsciente, que se complementam, convivem e formam nosso "eu", nosso ser e nossa *persona*. Esses componentes vão sendo construídos ao longo de nossas vidas, desde a fase inicial, quando ainda somos bebês; parte renova-se e outra se mantêm na formação de nosso eu.

Antes de entrarmos nessa seara, recordemos alguns conceitos básicos da Psicanálise. Ao estudar a organização mental humana, Freud constatou que o aparelho psíquico é dividido em lugares psíquicos e estes são ocupados por estruturas psíquicas. Aos lugares deu nome de consciente, pré-consciente e inconsciente. As estruturas receberam os nomes de ego, superego e ID.

Em resumo, o consciente é uma porção menor da nossa psique, onde se encontram as memórias, informações e conhecimentos claros e facilmente acessados. Nesse lugar estão as bases que utilizamos na construção das nossas relações cotidianas. O pré-consciente é uma área um pouco mais profunda do que o consciente. Nessa região, as informações e fatos ficam armazenados em um estado de latência, podendo ser acionados em algum momento e levados à consciência. No inconsciente estão elementos instintivos e uma série de informações que excluímos, censuramos e reprimimos da consciência, por serem carregados de emoções intensas, como frustrações, culpas, desejos irrealizáveis, vergonha, medo, dor e uma série de outros sentimentos desagradáveis.

Com relação às estruturas psíquicas, podemos entender o Id como o componente nascido com o indivíduo, os desejos, instintos e vontades que cada um de nós tem. Dele desenvolvem-se o ego e o superego, compondo a totalidade da personalidade de uma pessoa. O superego atua como uma espécie de conselheiro do ego, lembrando-o dos valores morais e culturais que deve seguir. O ego consiste na expressão do indivíduo ao mundo; é o que mostramos aos outros a nosso respeito. Ele é construído entre os impulsos do Id e as regras comportamentais do superego. Feita essa breve lembrança sobre a composição da psiquê e formação do eu, caminhemos para uma compreensão um pouco mais profunda.

A partir do 5º ano de vida, o indivíduo começa a formar o superego, segundo a teoria freudiana, durante a resolução dos conflitos edípicos da fase fálica. Nessa fase da vida, a criança parece modificar seu apego com os pais e amplia seus relacionamentos fora do ambiente doméstico. Será com aparatos adquiridos nas relações edípicas e sociais, absorvidas das atitudes, imagens e falas vivenciadas que o superego começará a ser construído. A partir daí, o superego exercerá uma autoridade moral, reagindo a cada ação e pensamento do indivíduo por meio da manifestação de sentimentos, de modo a indicar o certo e o errado em seu comportamento. Isso ocorre porque o superego atua no nosso consciente limitando o comportamento de nosso ego e, sempre que nosso ego agir fora dos padrões morais estabelecidos, o superego provocará distonias emocionais tais como insônia, tristeza, angústia e outros sentimentos desagradáveis.

O superego também regulará o intercâmbio entre as informações do consciente e do inconsciente, censurando os conteúdos que não devem ser acionados pelo consciente e restringindo nosso acesso a eles. Quando a censura do superego atuar no inconsciente, o ego não terá consciência do ocorrido. Contudo, pode ocorrer de algumas informações armazenadas no subconsciente emergirem à luz do consciente, expondo-nos a traumas e sentimentos que foram escondidos de nós e com efeito nos provocarão desequilíbrios internos. Nesse processo vão se formando o ego ideal, que podemos descrever como sendo a forma como o indivíduo relaciona-se com o mundo e define sua personalidade; e o ideal de ego, este compreendido como a forma que o indivíduo se relaciona internamente com os valores morais que introjetou.

O ego ideal (ou eu ideal) remete à idealização de nossa personalidade, que se forma diante do desejo do que gostaríamos de ter sido ou de ser e ainda da expectativa que a sociedade ou mesmo nossos pais lançaram sobre nós. Ele pode produzir sentimentos de superioridade no indivíduo, tais como arrogância, presunção, vaidade e orgulho, que se constituirá na marca de personalidade como o indivíduo apresenta-se perante o mundo. Também elaborará um sistema de defesa, podendo ser por agressividade ou covardia, por exemplo, para reagir aos que repudiam sua idealização de perfeição.

Pessoas controladas pelo ego ideal tendem a assumir perfis narcisistas. Para essas pessoas estar dentro dos padrões admiráveis de elegância, estética, intelectualidade, moral e social é extremamente importante. Quando não atingem esses padrões, essas pessoas tendem a sentir profunda frustração e sentimentos como mágoa, rancor e revolta. São, quase sempre, pessoas dependentes de segurança e do reconhecimento alheio, seja nas relações de amizade, amorosas, familiares ou de trabalho.

O ideal do ego (ou ideal do eu) forma-se a partir da identificação e introjeção dos modelos morais estabelecidos e fornecidos pelas relações parentais (pais, avós, tios, substitutos). Inicialmente alimentado pelos moldes morais familiares, o ideal do ego buscará novas referências para construir nossas estruturas de admiração e, por conseguinte, produzir nossas formas de relação.

Quando os padrões idealizados no ego ideal não são alcançados, o indivíduo tende a sentir frustração, mágoa e outros sentimentos desconfortáveis. Por outro lado, quando o indivíduo se afasta dos padrões do ideal de ego, ele tenderá a sentir culpa e distonias emocionais decorrentes da sua censura interna.

Nessa altura é possível que você, caro leitor, esteja perguntando-se o porquê de revermos a composição da psique humana. Explico! Foi necessário voltarmos a esse assunto, ainda que breve e resumidamente, para entendermos, inicialmente, as compreensões hegemônicas sobre a formação da personalidade e características de cada indivíduo para então refletirmos sobre a relação desse processo com comportamentos adoecedores. Chegamos aqui a um ponto alto no debate proposto neste livro: reconhecer que, além dos fatores externos, que enfatizamos até esse momento, carregamos em nós mesmos desencadeadores de distonias emocionais e adoecimento mental.

Uma visão holística da saúde

Existe uma estreita relação entre o psiquismo e o adoecer que não deve ser negligenciada. Ao considerar essa relação na avaliação da saúde física e mental, é possível relacionar a ocorrência das doenças no contexto social e na história de vida de cada indivíduo, permitindo oferecer explicações mais holísticas.

Correntes da medicina que focam sua investigação no doente, em detrimento da doença, conhecidas sob a rubrica de medicina psicossomática, vêm chamando atenção para a importância dos componentes emocionais nas doenças orgânicas. Médicos, psicanalistas e psiquiatras, dessas correntes, afirmam que determinados tipos de personalidades estão mais predispostos a certas doenças físicas e mentais.

Duas linhas teóricas sobressaem-se nesse campo de análise da saúde: (1) a chamada teoria da generalidade, que acredita na relação entre os eventos de vida e a probabilidade de adoecer, reconhecendo a correlação positiva existente entre esses eventos; e (2) a chamada teoria da especificidade, que acredita haver relação direta entre os conflitos, o estilo de personalidade, as atitudes e o padrão de comportamento do indivíduo com doenças somáticas. Para esse grupo, pessoas com determinados comportamentos tenderão a desenvolver certas doenças orgânicas.

Interpretações mais casuísticas deram lugar a leituras interacionais ou biopsicossociais na relação entre psiquê e adoecimento. Os autores Miller e Swartz (1990, p.48), por exemplo, ao defenderem a distinção dos termos em inglês *disease* e *illness*, apresentam-nos a definição do segundo termo como sendo "uma experiência subjetiva consistindo de um conjunto de inquietações psicológicas que resultam da interação de uma pessoa com o ambiente[1]".

A saúde mental e física de um indivíduo está, portanto, intimamente relacionada à sua organização psíquica: quanto mais fragilizada e desorganizada esta estiver, maior as chances de o indivíduo desenvolver doenças.

Segundo o referencial freudiano, as somatizações são resultados do escoamento insuficiente dos traumas, entendendo estes como todo evento que causa efeitos devastadores no indivíduo. Quando não corretamente escoados, esses traumas tendem a ser descarregados por meio do comportamento do indivíduo e, quando esse indivíduo não consegue tratar mentalmente esses traumas, com frequência, ocorrem as somatizações.

A relação entre fenômenos psíquicos e adoecimento tem uma importância singular porque diz respeito a questões a que todos, sem exceção, estão sujeitos a vivenciar. Evidente que nem todos desencadeiam doenças psicossomáticas e mentais, mas é comum que, ao menos em algum momento de nossas vidas, venhamos a desenvolver algumas dessas doenças, às vezes sem termos consciência e, como consequência, não damos a devida importância a nossa saúde e nos mantemos doentes.

Esse adoecimento não aflige apenas o corpo do enfermo, mas, inclusive, as suas relações sociais. Podemos comprovar essa assertiva refletindo sobre como se alteram as relações afetivas e sociais quando um indivíduo adoece mentalmente. Diante do adoecimento, a pessoa tende a ficar mais recolhida. É comum passar a ter comportamentos mais irritadiços, algumas vezes até mais violentos e, com frequência, o recolhimento vai transformando-se em afastamento ou até mesmo no rompimento das relações antes existentes. Mesmo que o enfermo tenha grande apreço por

---

1 Para aprofundamento do tema sugerimos a leitura de *Psychosomatic Medicine and Contemporary Psychoanalysis*, de Graeme J. Taylor (1987).

determinadas pessoas, ainda sim essas relações sofrerão, umas mais outras menos, o impacto do adoecimento mental.

Observe um aspecto importante: todas as formas de relações sociais estarão sujeitas aos impactos do adoecimento mental de uma pessoa. Não se trata apenas das relações profissionais, mas todas que envolvam trocas e exijam a capacidade de sociabilidade, ou seja, entre cônjuges, namorados, amigos, conhecidos, colegas de trabalho, familiares; enfim, todas.

Isso nos leva a perceber que, quando alguém desenvolve uma disfunção ou doença mental, todos os ambientes da vida dessa pessoa serão afetados. O adoecimento mental não reconhece barreiras; ao contrário, ultrapassa a barreira do ambiente adoecedor, seja de origem no seio da família, da relação conjugal seja do trabalho e impacta os demais ambientes que integram a vida do enfermo.

Em outras palavras: quando o ambiente laboral adoece ou causa disfunção mental em uma pessoa, seus sintomas serão sentidos no universo familiar, amoroso e em todas as relações sociais dessa pessoa. Quando ao contrário, o ambiente familiar é adoecedor, seus efeitos serão sentidos em todos os demais campos da vida dessa pessoa, inclusive na vida profissional. Diante desse entendimento, façamos uma projeção mental: quantos funcionários portam traumas e desgastes mentais que os tornam mais suscetíveis ao adoecimento mental?

O poder destruidor de um chefe adoecido

Voltando à figura do chefe, que ocupa um papel-chave no clima organizacional: quantos chefes mantêm relacionamentos abusivos com seus funcionários em razão de estar com uma psique fragilizada, com traumas que o perturbam ou impactam negativamente seu comportamento?

DOENÇA CORPORATIVA

O adoecimento de um chefe pode gerar um efeito em cadeia, comprometendo a saúde mental não só de seus subordinados diretos, mas de toda a corporação. Isso parece estranho para você? Pois saiba que isso ocorre com muita frequência. Explico!

Evidente que, ao ter que se relacionar com um chefe doente (agressivo, autoritário, centralizador, inseguro ou portador de outras características nocivas) a pessoa vai, aos poucos, sentindo-se desmotivada, irritada, deprimida. Ao ser afetada pelo comportamento nocivo do chefe e começar a desenvolver sentimentos ruins, esses a acompanharão nas relações que tiver com as outras pessoas. Chegará um momento que, dominada pelos sentimentos ruins, não conseguirá mais esconder sua infelicidade e sua irritação, podendo até projetar sua raiva e insatisfação em suas demais relações.

É muito comum que, quando estamos tristes e enraivecidos, descontemos em outras pessoas. Isso é particularmente comum num ambiente de trabalho quando um funcionário não pode responder ou se defender do chefe que o adoece e desconta em outros a sua volta. Muitas vezes essa não é uma atitude intenção e às vezes nem mesmo consciente, mas é muito recorrente. Por fim, o resultado é um adoecimento em cadeia cuja origem do adoecimento é comum: o chefe.

Dessa situação podemos aprender que, com relação a práticas nocivas exercidas pelas lideranças e chefia, ainda que alguns indivíduos sejam alvos prioritários, todos subordinados a eles são vitimados por suas práticas e estão sujeitos a desenvolver doenças mentais. Ou seja, não apenas um ou outro indivíduo pode sucumbir aos efeitos negativos dessas relações, como todo um conjunto de colaboradores e, no extremo, toda a empresa. O adoecimento mental, manifestado de formas e intensidades variadas, torna-se fenômeno presente na empresa, às vezes sem a consciência do enfermo; e, junto à doença, inevitavelmente, vem a redução da qualidade dos resultados.

Em um contexto onde a grande maioria das pessoas não consegue trabalhar em um ambiente saudável e estimulante, resta-lhes sujeitar-se às relações de trabalho tóxicas. Mas por que permanecemos trabalhando em um ambiente que nos adoece? Bem, por vários motivos. Um deles é em razão de não percebemos o processo de adoecimento que nos acomete. Esse processo é gradativo, por vezes intercorrente, e não um evento abrupto que nos transfere imediatamente de uma condição de saúde para outra de enfermidade.

Por essa razão, precisamos observar-nos cotidianamente em busca dos sinais de adoecimento, que se manifestarão de formas variadas em cada um de nós. Mas, então, como identificar a escalada do adoecimento em nós? Busque conhecer-se; observe as mudanças de humor e a recorrência com que se sente triste, deprimido, ansioso, com raiva, desmotivado. Descubra e invista em práticas salutares que o ajudam a controlar e a superar tais sentimentos.

A condição do mercado de trabalho, crises econômicas, dependência financeira, baixa qualificação profissional, baixo autoestima e medo da mudança são outros motivos que aprisionam o trabalhador no ambiente indesejado de trabalho. E para aqueles que se mantêm nesses espaços indesejados, aqueles submetidos às práticas doentias de seus chefes, como resistir? Para esses há alguma chance de não adoecer? Para quem está sofrendo com as ações de chefes abusivos e está num ambiente de trabalho tóxico seguem algumas dicas para amenizar o desprazer em lidar com essas situações.

- **Elabore um fluxograma de tarefas e o siga, registrando cada etapa cumprida. Isto lhe dará mais autoestima na medida em que conseguirá reconhecer sua eficiência, e você poderá compartilhar com seu chefe, evitando cobranças;**
- **Registre as solicitações ordinárias de seu chefe e, apenas se necessário, utilize para justificar mudanças nas metas;**

- Fora do trabalho, quando não em serviço, desligue o telefone e evite responder a chamados. É muito importante desligar-se do trabalho e separar sua vida profissional da pessoal;

- Evite embates. Desenvolva sua inteligência emocional e saiba reconhecer o momento de posicionar-se e o de resguardar-se. Sua saúde é o mais importante;

- Busque maior distância com as pessoas tóxicas. Não dê ouvidos a fofocas e não as faça também;

- Procure incorporar à sua rotina atividades que lhe permitam extravasar o estresse e que gerem felicidade a você;

- No ambiente de trabalho, adote práticas que o tranquilizem e motivem, como, por exemplo, tomar, chá, usar fone de ouvido e escutar músicas que não atrapalhem sua produção, técnicas de respiração para controle de ansiedade e raiva etc.;

- Comemore as conquistas, mesmo que pequenas. Isso o ajudará a manter-se motivado;

- Observe diariamente seu nível de estresse, a ocorrência de distonias emocionais, sentimentos e pensamentos desagradáveis. Se possível, registre-os. Notando que há uma recorrência sistemática na aparição destes ou que sua intensidade é alta, procure ajuda profissional. Quanto mais cedo buscar ajuda, maiores serão as chances de livrar-se de doenças mentais e da intensidade de seus efeitos; e

- Faça denúncias ao setor de RH. Caso não se sinta seguro, faça denúncia anônima.

Lembre-se de que não temos condições de mudar a outra pessoa, mas podemos mudar nossas ações e a forma como respondemos emocionalmente a tudo e a todos que agem sob nós.

O microgerenciamento afeta a saúde mental da equipe

Uma prática muito comum entre os líderes é o microgerenciamento, que pode ser entendido como a prática dos líderes exercerem um controle excessivo sobre os projetos e as atividades de responsabilidade de sua equipe. Você pode estar curioso para saber como é possível reconhecer um microgerenciamento. Bem, dentre as atitudes mais comum de um líder que exerce o microgerenciamento, estão:

- Exigir ser copiado em todos os e-mails;
- Fazer questão de ser informado sobre todas as atividades;
- Condicionar a execução das atividades e tomadas de decisão à sua autorização prévia;
- Negar autonomia a seus funcionários; e
- Não incentivar, ou até mesmo impedir, a colaboração entre as pessoas ou equipes.

Geralmente, esses líderes são preciosistas, controladores e centralizadores. Por trás dessa autoridade, esconde-se uma pessoa insegura, com dificuldades de confiar nas pessoas, obsessivo por detalhes e cheio de incertezas e conflitos internos. Portanto, engana-se quem supõe que o microgerenciamento seja uma forma positiva de gestão funcional. Não é! Ao contrário, é um dos maiores equívocos que os gestores cometem. Seu resultado é devastador e inclui: inibição de criatividade e de talento; desmotivação; desânimo; estresse, irritabilidade e conflitos, para citar alguns dos mais recorrentes.

Com tantos efeitos danosos que o microgerenciamento causa, é de esperar-se que os funcionários submetidos a essa prática desenvolvam problemas em sua saúde mental. Apesar de ser facilmente reconhecido por quem está submetido a esse tipo de gestão, é muito difícil solucionar essa prática opressora, justamente porque quem a comete não percebe e com seu controle autoritário não permite e não aceita que outros o mostrem a forma como as coisas estão ocorrendo.

No próximo capítulo conheceremos histórias de como antigos traumas afetaram os comportamentos de algumas pessoas e suas implicações no ambiente de trabalho.

Capítulo 6
HISTÓRIAS DO COTIDIANO PROFISSIONAL

A o longo da minha vida profissional e pessoal, conheci diversos casos de adoecimento no ambiente de trabalho. Alguns desses foram desencadeados por chefes doentes que acabaram por adoecer outros funcionários. Agora, alterando seus nomes e preservando suas identidades, descreverei alguns que conheci. É possível que, ao ler essas histórias, você se identifique ou identifique algum chefe que conheceu. Não à toa! Como pudemos notar ao longo deste livro, o caso de doença mental no mundo corporativo é alto e casos em que chefes adoecem os funcionários é mais comum do que muitos imaginam.

Como vimos no capítulo anterior, de forma similar a uma doença contagiosa, um chefe doente tem o poder de adoecer outros trabalhadores. Então, caro leitor, saiba que você não está sozinho e que, caso apresente sintomas de adoecimento mental, a culpa não é sua. Você não é frágil, inadaptável ou problemático. Você é susceptível a pessoas tóxicas e/ou fatores de adoecimento.

Em comum, os casos descritos a seguir têm o fato de, quando adultos, cada um dos protagonistas de nossas histórias apresentar problemas emocionais acentuados. Para compreensão, assumo como definição de problemas emocionais acentuados todos aqueles em que a pessoa precisa de uma ação enérgica, muito intensa, para devolver ao inconsciente os conteúdos desagradáveis que querem vir à luz da consciência. No esforço de devolver esses conteúdos ao inconsciente, a pessoa tem um gasto excessivo de energia, o que a coloca em uma condição de maior vulnerabilidade, com mais propensão à depressão, baixo autoestima, ataques de pânico, de ansiedade etc.

Caso I: Alex, o gerente sênior

Quando criança, Alex era um menino tímido, sempre quieto e reservado; gostava de ficar só, ainda que gostasse de brincar com seus poucos amigos. Vivia uma rotina normal de estudo; não se destacava como bom, nem mau aluno. Na escola era conhecido por sua voz que, apesar de quase nunca ser ouvida, chamava atenção por ser "presa", denunciando um desconforto em comunicar-se publicamente. Suas unhas também o delatavam: sempre muito roídas, com frequência em sua boca, denunciava sua compulsão que, mesmo omitida, manifestava-se por ansiedade, estresse e nervosismo.

Alex, então com 38 anos, estava solteiro e com um emprego estável no ramo do comércio, era um gerente sênior, muito bem-conceituado em sua empresa, que o destacava como funcionário modelo pelo cumprimento sem ressalva de seus deveres, por sua pontualidade, pelo bom atendimento aos clientes – que lhe rendia uma invejável carta de clientes fiéis – e por alcançar sistematicamente as metas de vendas da empresa.

Com frequência, quando narro essa história as pessoas perguntam-me antes de eu concluí-la: "— Onde está o problema, se ele trabalha, cumpre os objetivos da empresa, ou seja, tem uma vida normal?". Quando isso ocorre, costumo mencionar que o "normal" assusta-me.

Para muitos, o "normal" pode ser um estado que provoca o engessamento, quando não a paralisação de um processo de evolução, em que a pessoa precisa desafiar-se, sair da zona de conforto e descobrir-se capaz de lançar-se a novos voos.

Mas retomemos o quadro clínico de Alex. Ele teve uma infância muito dura. Sua mãe o abandonou quando ele tinha apenas três anos de idade e meses depois voltou para sua vida. Seu retorno, porém, não resultou em uma história harmônica e feliz, isso porque sua mãe tinha com ele um relacionamento abusivo. Aos seis anos de idade, quando fazia um desenho para escola, Alex foi mostrá-lo a sua mãe em busca de afeto, admiração e aprovação. Ao contrário do que esperava, ouviu críticas duras, foi desprestigiado, humilhado e obrigado a comer o desenho até que engolisse toda a folha. Poucos anos mais tarde, quando tinha somente oito anos, Alex se recorda de sua mãe batendo em seu rosto, o ofendendo e, aos gritos, dizendo que não sentia amor por ele.

O tratamento abusivo e violento continuou e foi ganhando novas formas. Aos 13 anos, Alex teve toda sua economia, fruto de presentes dados pela família e guardados por muitos anos, roubada por sua mãe. Sem saber lidar emocionalmente com tanto sofrimento, Alex começou a punir-se, fazendo cortes com giletes por todo o braço. Também vivia sob uma tensão que, como dito anteriormente, manifestava-se por uma compulsão por roer as unhas e certa fobia social.

Ao passo que foi ficando mais velho e construindo laços sociais para além do ambiente doméstico e familiar, Alex já não se mutilava e se desenvolvia de forma aparentemente normal, sem despertar nenhuma desconfiança em quem o conhecia sobre a possibilidade de haver algum trauma guardado em si. Todo esse processo emocional nocivo, portanto, não impediu Alex de construir uma vida normal, inclusive, mais tarde, no ambiente de trabalho.

As pessoas com quem Alex trabalhava, mesmo seu chefe imediato e os profissionais do Recursos Humanos da empresa, nunca perceberam a existência de algum problema emocional nele. Mesmo tendo um comportamento mais introspectivo do que a média das pessoas, atribuíam isso a uma conduta mais reservada, algo como uma habilidade, um autocontrole, avaliado como adequado e sensato para o ambiente corporativo. Sem falar que o fato de realizar suas funções com competência o livrava de descobrirem sobre a existência de algum problema emocional causando impactos negativos à sua vida.

Contudo, Alex apresentava sintomas sutis de seu problema emocional. A introspecção, diferentemente do que pensavam, era a forma como ele respondia à dificuldade de se relacionar com outras pessoas, por medo de se frustrar e se magoar. Além disso, Alex tinha uma dificuldade acentuada em exercer autoridade sobre seus funcionários, em confrontá-los (quando necessário) e agir mais energicamente diante de episódios que exigiam uma ação mais vigorosa. Com isso, alguns funcionários aproveitavam-se de sua fragilidade. Alex que, quando criança vivera sob violência, que fora oprimido e humilhado, quando adulto, manteve sua dificuldade de se impor.

Você, caro leitor, pode estar se perguntando como esse chefe, que não conseguia confrontar seus funcionários nem em situações mais críticas, poderia contribuir para o adoecimento mental dos funcionários? O fato é que, ao não ser mais enérgico em situações críticas, os funcionários que protagonizavam o acontecido desautorizavam Alex, que ficava desacreditado na posição de chefe, de líder. Mesmo sem consciência sobre a fragilidade de Alex, todos os funcionários se sentiam inseguros, sem ter uma liderança forte e os conflitos eram frequentes, uma vez que alguns funcionários deliberadamente e sem represálias desrespeitavam horários ou outras regras do trabalho.

Como Alex guardava muitas emoções desagradáveis em estado de latência, seu subconsciente trabalhava de forma a fazê-lo sentir medo, carência e outros sentimentos desconfortáveis. Essas emoções chegavam distorcidas e de uma forma não explícita, com isso Alex permanecia sem compreender o que se passava e iniciou um processo de autossabotagem. Assim, tornaram-se recorrentes episódios nos quais, quando estava prestes a ganhar uma promoção, Alex fazia algo que o prejudicava, comportando-se mal nas entrevistas ou mudando antecipadamente de emprego. Com isso, perdia a chance de receber a sua merecida promoção. Apesar de gostar de sua função e de ter o poder, ele tinha pânico em ter que ser firme com outras pessoas e as confrontar.

Lembremos: essas ações negativas são inconscientes e, portanto, não operam em um nível que as percebamos com facilidade. No caso de Alex, sua sistemática autossabotagem nunca foi percebida por ele. Apenas muitos anos depois, quando Alex descobriu a meditação e depois dela experimentou algumas terapias holísticas foi que, de forma gradual e lenta, começou a tomar consciência sobre seu comportamento e, então, iniciar um trabalho para tratar as causas de seu sofrimento.

Caso 2: Vanessa, a gerente de marketing

Vanessa fora uma criança muito alegre e divertida. Sempre sorridente, fazia amizade com muita facilidade e quase sempre era vista rodeada por outras crianças que a seguiam, como se segue a uma líder. Tivera uma vida normal, sem nenhum acontecimento traumático. A semelhança de Alex, Vanessa também apresentava uma compulsão: em seu caso, por comida.

Quando com 45 anos, Vanessa ocupava o cargo de gerente de *marketing* em uma empresa multinacional muito renomada. Sua rotina de trabalho era intensa, com frequência trabalhava dez horas ou mais por dia, com uma agenda que dividia seu tempo entre viagens de negócios, reuniões para alinhamento das estratégicas de *marketing*, gerenciamento de 15 funcionários e acompanhamento das produções. Sua vida fora do trabalho também se revelava bem-sucedida: Vanessa era casada há anos com uma pessoa que a tratava bem e a apoiava, tinha amigos e conseguia aproveitar suas poucas horas de lazer alternando momentos de descanso e descontração em companhia de pessoas queridas.

Vanessa procurou ajuda de um profissional relatando o incômodo com seu sobrepeso e sua compulsão por comida, embora naquele momento ela não tivesse clareza de que se tratava de uma compulsão e de longa data. Ela compreendia que era algo emocional e achava que movida por uma ansiedade, sem saber ao certo. Após ela procurar ajuda, foi iniciado um trabalho para identificar a origem desse problema. Tudo levava a crer que por trás desse "sintoma" existia uma causa emocional para a qual reagia dessa forma compulsiva com relação à comida.

Vanessa escolheu a Hipnoterapia para seu tratamento, e, ao fazer regressão, foi possível compreender mais sobre sua história de vida. Quando tinha cinco anos de idade, em mais um dia dentre os muito que brincara na casa de sua prima, seu tio a molestou. Aquela foi a primeira de uma série de assédios e violências praticadas por seu tio contra ela. Naquele momento, Vanessa compreendeu o que sofrera e não desencadeou qualquer reação, desenvolvendo-se dentro dos padrões de normalidade. Apaixonou-se pela primeira vez aos 13 anos e foi correspondida. Vivenciando o que achava ser um desses encontros fortuitos, experimentados apenas por alguns, acreditou que aquele homem não mentiria, menos ainda se aproveitaria dela. E, assim, com ele perdeu sua virgindade. Pouco tempo após esse acontecimento, seu companheiro rompeu relações com ela de forma abrupta e inexplicável.

Nesse ponto vamos lembrar que o subconsciente (ou inconsciente) tende a cobrar a resolução das emoções desagradáveis, não resolvidas e armazenadas nele. Pois bem, quando a energia empreendida para manter esse conteúdo escondido passa a ser maior do que o nível para manter o *status quo* do indivíduo, este começa a ter sinais, que chegam por meio de sentimentos desconfortáveis, compulsões ou transtornos, como forma de levá-lo a procurar ajuda para curar o mal que o aflige; o trauma que emergiu ao pré-consciente.

No caso de Vanessa, além da compulsão alimentar a que já estava acostumada, e nem mesmo reconhecia como um problema, ela passou a sofrer com insônia. Também se demonstrava uma pessoa insegura, embora fosse muito competente. No trabalho, com frequência, perdia datas de entrega de produto e solicitava a seus funcionários ajustes ou retrabalhos que eles não entendiam os motivos. Isso porque sua insegurança era tanta que temia ter trabalhos reprovados por seus superiores e clientes. Para ela, receber críticas ou sugestões de reformulações era algo ruim, uma derrota, algo com o qual ela não reagia bem.

Isso incomodava tanto a seu chefe direto que algumas vezes era obrigado a contornar problemas relacionados a não entrega dos produtos na data combinada; quanto a seus subordinados, que com frequência precisavam fazer retrabalhos e sofriam com cobranças minuciosas sobre as quais não entendiam o sentido. Vanessa vivenciou alguns conflitos com funcionários e seu chefe direto, além do fato de a empresa ter perdido alguns talentos, porque não aguentaram suas cobranças.

À medida que foi trabalhando suas questões com o suporte de um profissional, Vanessa conseguiu perceber que sua compulsão por comida se intensificava nos períodos em que tinha compromissos de entrega de produtos ou defesa de uma ideia criativa, ou seja, sempre que seu trabalho fosse ser julgado.

Podemos entender que a compulsão por comida, a insônia e sua insegurança eram distorções provocadas pelo fator crítico, ou seu subconsciente para quem assim prefira chamar. Como dito antes, essas distorções foram criadas quando o conteúdo desagradável que estava armazenado em seu subconsciente tentou vir à luz da consciência. A emoção desagradável que teve no passado fez com que ela sentisse raiva e culpa. E essas emoções chegaram à consciência distorcidas, nas formas dos sintomas descritos.

Caso 3: Eduardo

Eduardo reunia habilidades incomuns em crianças: conseguia ser, ao mesmo tempo, um menino altamente sociável, com um amplo círculo de amigos e vida social intensa, e estudioso, chegando a ser o melhor aluno da classe. Vaidoso, Eduardo gostava de ser elogiado publicamente a cada entrega de notas. Para ele, conquistar notas altas era tão importante quanto receber destaque. Sua necessidade de autoafirmação era presente em tudo o que fazia.

Quando estava com 42 anos, Eduardo ocupava um dos maiores cargos em uma indústria. Na empresa, ele assumia muitas responsabilidades e possuía um número considerável de trabalhadores subordinados a ele. Sua rotina de trabalho era alucinante! Não desligava do trabalho e vivia entre viagens de negócios, reuniões, decisões e negociações. Eduardo gostava dessa rotina frenética de trabalho; sentia-se importante e isso alimentava sua autoestima.

Eduardo era muito autoconfiante, egocêntrico e narcisista, gostava de ser elogiado e se deliciava com o poder autoritário que exercia sobre seus subordinados, a quem, com frequência, humilhava. Controlador, dominador e centralizador, tudo no ambiente do trabalho precisava passar por suas mãos. Certa vez, quando um de seus subordinados trabalhava em *home office*, prática permitida e estimulada por sua empresa, Eduardo ligou 25 vezes para confirmar que este funcionário estava à disposição do trabalho e acompanhar sua produção. Nas raras ocasiões em que o funcionário não atendeu de imediato a ligação, Eduardo, aos gritos, chamou sua atenção de forma ríspida e o ameaçou de forma indireta. Para Eduardo, esse era um comportamento normal para um chefe.

Esse episódio teve graves consequências. O funcionário assediado por Eduardo entrou com processo judicial contra ele. Naquele momento, na tentativa de não ser corresponsabilizada, sua empresa determinou como condição a Eduardo para continuar empregado iniciar um tratamento. Como resultado, Eduardo buscou ajuda profissional.

No início do tratamento, Eduardo apresentava muita resistência em reconhecer a existência de algo errado em seu comportamento, tampouco acreditava possuir algum trauma latente. Isso ocorre com frequência com pessoas que ocupam posições de destaque, porque o poder que experimentam aqueles que ocupam alta posição na carreira impulsiona o sentimento narcisista e uma imagem de sucesso que nega a possibilidade de traumas, derrotas e sofrimento. Nessa interpretação, o sucesso não pode coexistir com episódios ruins, como fracassos, derrotas e traumas. Mas o poder e o sucesso enganam apenas temporariamente o sofrimento.

Certa vez, conversando sobre o episódio que culminou em sua busca por atendimento profissional da área de saúde mental, o psicanalista perguntou a Eduardo se era habitual que ele cobrasse os resultados antes dos prazos expirados e da conclusão por seus subordinados. Evidente que há muitas possibilidades de uma pessoa cobrar resultados, mas, como o próprio nome já diz, resultado é o fim de um esforço. Então, não seria mais aguardar a conclusão das tarefas delegadas a outrem? Não seria mais produtivo e saudável permitir ao outro que explore seu potencial individual e incorpore suas competências para dentro das tarefas?

Há quem conteste essa opinião e diga que os funcionários precisam ser acompanhados a cada ação para controle da empresa e confirmação da qualidade de seus produtos. Mas será que é esse o papel de um bom gestor? Será que um funcionário responde melhor sob pressão? Segundo algumas pesquisas e na opinião deste autor, não!

Um bom gestor deve capacitar a equipe, transmitir confiança e dá-la a liberdade de criar, de construir e de questionar. Se um gestor percebe que algum membro da equipe não desenvolve bem suas tarefas, ou realmente não tem interesse ou condição de executar suas funções, cabe a ele trabalhar isso com inteligência emocional de modo que o funcionário aplique seu maior potencial na execução no trabalho, com desejo de apresentar bons resultados e satisfação ao fazê-lo.

Ao investigar a origem do comportamento narcisista, autoritário e violento de Eduardo, dois acontecimentos vieram à tona. Um deles, quando fazia seu primeiro estágio, galgou mais sucesso, reconhecimento e riqueza. Era, no entanto, um homem violento, que usava de humilhação nas relações de trabalho. Eduardo, inclusive fora humilhado publicamente algumas vezes e na época chegou a apresentar uma leve fobia social, evidente por seus relatos. Contraditoriamente, Eduardo associou aquele comportamento tóxico como o esperado de um profissional com poder e sucesso.

Outra vivência que marcou sua vida ocorreu poucos anos depois. Eduardo, então casado há poucos anos, dedicava-se à sua companheira. Na época era mais amistoso e menos agressivo do que se tornara após saber que era traído por seu cônjuge. Inconscientemente, Eduardo culpara seu comportamento mais passivo, ou menos agressivo, pela traição. Aos poucos essas, emoções desagradáveis tornaram-no uma pessoa insegura, com grande necessidade de autoafirmação e Eduardo foi desenvolvendo abordagens mais violentas, usando de humilhação e dominação nas suas relações profissionais, cujo ambiente sempre foi propício a isso, uma vez que a cultura empresarial estimula a construção de uma lógica na qual os subordinados serão sempre obrigados a sujeitar-se para manter o emprego. No ambiente doméstico, por outro lado, há uma possibilidade maior de a família distanciar-se ou romper com quem a assedia, embora nem sempre isso seja viável ou realizado por quem sofre assédio.

O que essas experiências nos dizem?

O que os três casos têm em comum? Alex, Vanessa e Eduardo têm uma vida que todos considerariam normal e até poderiam invejar. Em nenhum momento as empresas perceberam algum grau de problema emocional em um deles; pelo contrário, os três cumpriam as metas às quais eram submetidos e eram considerados excelentes profissionais. Nem mesmo Eduardo despertara a consciência do setor de recursos humanos (RH) ou de outros profissionais de sua empresa. Somente para não ser corresponsabilizada, por um episódio que avaliou ser fruto de um conflito pessoal e não um problema emocional de seu funcionário, é que a empresa exigiu que Eduardo fosse acompanhado por um profissional.

Aqui valem alguns comentários sobre o setor de RH. Muitas vezes, os profissionais desses setores não acompanham de forma tão próxima o comportamento dos funcionários da empresa, o que dificulta a identificação dos casos que requerem apoio. Ocorre também de o setor ter limitações para tomar decisões e fazer intervenções, especialmente quando se trata de funcionários do alto escalão. Por fim, vale lembrar que, quando os funcionários apresentam bons resultados, os custos de seus comportamentos tóxicos são negligenciados.

No começo deste capítulo, vimos que nos três casos essas pessoas entregavam bons resultados e por isso eram consideradas exemplos de profissionais qualificados. Mas, como pudemos perceber na descrição desses casos, todos tinham questões emocionais para serem trabalhadas. Questões estas que se manifestavam em atitudes prejudiciais e na forma como essas pessoas se relacionavam com outras, inclusive e principalmente, em seus ambientes de trabalho.

Aqui reside um ponto a que desejo chamar atenção: as empresas poderiam ampliar seus ganhos se investissem na saúde mental de seus funcionários, buscando conhecê-los mais profundamente, detectando os indícios de transtorno, adoecimento mental ou distúrbio e oferecendo apoio adequado para que possam cuidar-se.

Será que se o Alex tivesse resolvido suas emoções, não teria obtido mais sucesso, encontrado mais felicidade e gerado ainda mais resultados para sua empresa? Será que Vanessa, se resolvesse sua insegurança, teria conseguido gerenciar melhor sua equipe e alcançado melhores resultados? Quantos funcionários não desenvolveram seus potenciais e não produziram como poderiam em razão da falta de maturidade emocional da Vanessa? E no caso de Eduardo, quantos funcionários não se desmotivaram ou pediram as contas por não concordar ou mesmo não aguentar os controles abusivos, as agressões verbais e seu narcisismo?

O objetivo deste livro é provocar *insights* sobre a demanda emocional que temos hoje no mundo corporativo e sobre as possibilidades de transformar casos como os descritos em exemplos de transformações, de felicidade plena e em resultados ainda maiores para as empresas. Trabalhar o emocional dos funcionários, em toda hierarquia da empresa, é importante para melhorar a vida dos indivíduos e aumentar os resultados empresariais.

Os trabalhadores não precisam mais adoecer tanto nos seus ambientes de trabalho e as empresas não devem mais gastar tanto tempo e recursos com troca de funcionários e com licenças médicas para casos que poderiam ser evitados se tratados no tempo certo e da forma adequada. Para isso, os funcionários precisam trabalhar seus emocionais, passarem a controlá-los e não mais serem controlados por eles. Só assim será possível construir ambientes de trabalho sadios, qualificados e plenamente produtivos.

A arte de liderar

Quando o assunto é liderança, nem todos os gestores sabem exatamente os erros que devem evitar, tampouco as qualidades individuais que devem desenvolver ou mesmo como usá-las para ter êxito. Desempenhar um método assertivo de gestão de pessoas capaz de manter seus colaboradores motivados e trabalhando em sinergia não é tarefa simples, nem fácil.

Como vimos nos exemplos anteriores, as causas das dificuldades são diversas, complexas e muitas vezes fogem à compreensão da pessoa. O autoconhecimento, como tem sido destacado ao longo deste livro, é um exercício fundamental para reconhecer alterações de sentimentos e comportamentos, um passo necessário para que sejam tratados. Além disso, o autoconhecimento contribui ao desenvolvimento da inteligência emocional, facilitando o convívio com as pessoas e a tomada de decisões mais assertivas. Para além desse caminho, outros instrumentos igualmente podem ser valorosos para direcionar a liderança de um chefe para resultados efetivamente mais produtivos e conquistados a partir de relações mais harmoniosas e saudáveis.

Em 1967, Peter Drucker, que viera a ser reconhecido como o Pai da Administração, publicava o livro *O gestor eficaz*, que até os dias atuais é uma referência para pensar-se a gestão de um negócio. Neste livro, Peter Drucker indica alguns caminhos para que uma pessoa se torne um bom gestor, ou, usando seus termos, um gestor eficaz. E, ao fazê-lo, oferece-nos uma boa dose de informações que cabe perfeitamente para refletirmos sobre o exercício de uma liderança não adoecedora.

Uma provocação que uso para iniciarmos a reflexão é: a ação é fundamental! Ou seja, de nada vale, ou pouco vale, identificarmos o que precisamos modificar, termos informações sobre o que fazer, conhecer sobre os caminhos para cuidar de nossa saúde mental e não praticarmos. Apenas identificar o problema não o fará desaparecer! Conhecê-lo não o fará desaparecer! Saber como cuidar-se não o fará desaparecer! A ação, a prática, sim, o farão desaparecer ou, pelo menos, ser controlado!

Antes de entramos em contato com as ideias centrais que nos apresenta esse autor, cabe uma observação que avalio ser chave para a leitura do que vem a seguir: seus ensinamentos não estão restritos a quem ocupa o papel de gestor, inclusive porque é possível entendermos que o gestor não se restringe a um cargo, mas a uma função – de gerir e tomar decisões – que é praticada por todos. Assim que todos podem praticar seus ensinamentos nas funções que ocupam no trabalho e até mesmo na vida pessoal.

Como disse anteriormente, a preocupação de Drucker difere-se da nossa. Nesse momento, portanto, o esforço que faremos aqui é refletir sobre as ideias que têm implicações mais diretas com o desenvolvimento de uma gestão – entendendo o termo de forma mais ampliada – orientada para a criação de um ambiente salutar. Lembre-se: se não atua em uma função de chefia, de liderança, adéque as orientações que se seguem para a sua realidade.

Assim que entramos em uma primeira questão: o gerenciamento começa em nós mesmos. Gerenciar/liderar deve ser uma prática que começa por gerenciar a si mesmo: gerenciar nossos impulsos, nossos desejos, nossa forma de comunicar, nossa forma de estabelecer limites, proteger-nos, e por aí vai. Gerenciar a si próprio envolve o reconhecimento das habilidades e das fragilidades para poder atuar com sabedoria e extrair o melhor de si.

Um exercício simples e eficaz é identificar em qual momento do dia se é mais produtivo e concentrar neste as tarefas mais urgentes e importantes, deixando para os momentos em que se é menos produtivo as tarefas que demandam menos de nós. Para quem tem tarefas mais homogêneas e lineares, é possível adequar esse exercício usando o momento em que se é mais produtivo para agilizar uma tarefa ou processos que exijam comunicação, aproveitando o momento em que sua energia e pensamento estão em um nível mais elevado.

Esse exercício faz parte de uma série de outros possíveis voltados para a organização do tempo, um aspecto que Drucker valoriza em sua obra. Para o autor, a organização do tempo é elemento-chave para manter o cronograma das tarefas em dia, tornar a realização das demandas mais ordenadas e, por consequência, mais fáceis e menos estressantes. Os líderes devem empreender esforços para autodesenvolverem habilidades de gestão do tempo e apoiarem seus colaboradores para que também desenvolvam essa habilidade.

Essa proposta vai além daquilo que muitas empresas utilizam: os programas de banco de horas e controle da produção. Envolve, novamente, autoconhecimento para entender os momentos em que seu corpo e mente melhor funcionam, distinguir tarefas reais e falsas demandas – aquilo que criamos ou nos é solicitado como atividade "meio", hierarquizar as prioridades e encontrar instrumentos que auxiliam na organização do tempo e realização das tarefas. Tudo o que não é essencial deve ficar de fora do quadro de tarefas. Assim, as pessoas não se sentirão tão sobrecarregadas e conseguirão desenvolver suas obrigações de uma forma mais tranquila e leve.

Um aspecto central nas indicações de Drucker é que ele trabalha com a ideia de que o gestor deve desenvolver não somente suas habilidades, mas, se de fato percorre resultados positivos e a longo prazo, deve também preocupar-se com o coletivo, com todos os colaboradores. Importante mantermos em mente que, quando um indivíduo desenvolve suas habilidades, técnicas e pessoais, para atuar no trabalho, sem que esse esforço seja acompanhado pelos demais a sua volta, evidente que seus avanços terão como limite o outro, mas isso só se pensarmos em termos de resultados para a empresa. Se pensarmos em termos de resultados para a saúde individual, o ambiente externo influenciará, mas não limitará nosso resultado, na maioria dos casos.

É muito comum um líder enxergar-se como alguém que detém mais conhecimento e razão absoluta; alguém que deve controlar tudo e todos que a ele estejam subordinados. Isso leva esse líder a inibir a criatividade de seus funcionários, a autonomia e até mesmo o compartilhamento de conhecimentos; afinal, ninguém pode ser mais preparado ou inteligente do que ele. Esse líder tem seus colegas de trabalho como adversários e/ou incapazes, por isso os controla e cobra impiedosamente.

É imperioso que as pessoas abandonem essa forma competitiva e insegura que as leva a ver o outro como adversário. É preciso recuperar valores mais solidários e construir relações pautadas no entendimento de que o outro é complementar; alguém dotado de valor, importância e sentimentos. As pessoas precisam ser mobilizadas, ter suas habilidades identificadas e estimuladas e ter suas fragilidades respeitadas. Não se trata de mudar ou moldar o outro; ao contrário, trata-se de encaminhar as relações e produções com respeito e sabedoria para o melhor aproveitamento possível.

Os líderes precisam abandonar a ideia que lhes foi apresentada como modelo de liderança e deixar de enxergar seus colaboradores como adversários. Só assim exercerão uma liderança eficaz e saudável. No capítulo 8, aprofundaremos o debate sobre a influência da cultura organizacional no adoecimento mental dos funcionários na intenção de alertar para o fato de que os esforços corporativos, para serem mais eficazes, precisam passar pela revisão da cultura organizacional.

Então, você pode estar se perguntando o porquê de trazer essa discussão agora? Simples. De pouco adianta a empresa investir em modificar a cultura organizacional se as pessoas não compreenderem seus benefícios e empreenderem esforços no mesmo sentido.

A mais importante dimensão do processo de cura e manutenção da saúde mental encontra-se em cada indivíduo. O processo para superar práticas nocivas e sofrimento pode não ser exatamente rápido e simples, mas é completamente possível e começa por três movimentos iniciais: (1) livrar-se dos estereótipos e modelos mentais que condicionam suas atitudes e o obrigam a negar os traumas que carrega (saiba: quase todos carregam algum; essa é a regra, não a exceção); (2) desenvolva o autoconhecimento; (3) aja, busque ajuda profissional e/ou tratamentos alternativos que o ajudem a manter sua saúde mental em bom estado. Existem opções de tratamento muito diversas e aplicáveis a demandas e perfis de pessoas diferentes. No capítulo 8, estão descritos alguns para incentivá-lo a cuidar de sua saúde.

Capítulo 7

HABILIDADES E SANIDADE: ALGUMAS POSSIBILIDADES QUE O AUTOCONHECIMENTO FORNECE

Cuidado com as opções milagrosas e de rápido efeito

A pressão e a exigência por produtividade contribuem por causar ansiedade, depressão e outros sentimentos ruins, que nos fazem mal e nos prejudicam na realização de nossas tarefas e no relacionamento com as pessoas. Diante da vida corrida, da descrença nas opções mais holísticas, ou ainda na busca por uma cura rápida e que nos exija menos esforço, muitos optam por remédios controlados para amenizar seus sofrimentos. Essa opção tornou-se imperativa no Brasil, elevando o país à categoria de um dos maiores consumidores de medicamentos para controle da ansiedade e para auxílio no sono.

De acordo com um levantamento feito pelo site de notícias R7[1], com base em dados de 2018 do Sistema Nacional de Gerenciamento de Produtos Controlados (SNGPC), os brasileiros compraram mais de 56,6 milhões de caixas de remédios para ansiedade e para dormir, o que equivale a 6.471 caixas vendidas a cada hora. Esses dados, que já impressionam

---
1 https://noticias.r7.com/saude/brasil-consome-566-milhoes-de-caixas-de-calmantes-e-soniferos-03072019.

pelos números, tornam-se ainda mais alarmantes quando sabemos que quase a totalidade desses medicamentos requer receitas médicas para serem comprados. Ou seja, mesmo com essa exigência, que acaba sendo barreira, um elemento dificultador, o consumo de remédios controlados para depressão, ansiedade e sono são consumidos em alto nível no país.

Ainda segundo ao levantamento feito pelo R7, o campeão de vendas foi o Clonazepam, mais conhecido como Rivotril, seu nome comercial, com 233,3 milhões de caixas consumidas ao longo de oito anos (2011 a 2018). Esses dados refletem como anda fragilizada a saúde mental da sociedade brasileira e como os remédios têm ganhado um papel de destaque na busca pela superação dos sentimentos ruins.

Com relação aos benzodiazepínicos, ansiolíticos como o Clonazepam, um dos mais conhecidos no Brasil, de acordo com um estudo publicado na Revista Brasileira de Psiquiatria[2], em 2007, aproximadamente 21% dos idosos faziam uso regular desse medicamento. Esse percentual era ainda maior quando se tratava das mulheres, chegando a 27%.

A mesma tendência de consumo elevado foi notada no uso de medicamentos como os Midazolam, mais conhecidos pelo nome comercial de Dormonid, e os Flunitrazepam, sendo o mais famoso o nome comercial de Rohypnol. Esses são ansiolíticos extremamente potentes e que devem ser utilizados em casos muito específicos, que se necessite a indução ao sono. No entanto, em 2018, foram comercializados 350 mil caixas de Midazolam e outras 704,9 mil de Flunitrazepam.

Muitos médicos e organizações de saúde alertam para as consequências do uso desses medicamentos, em que se inclui desde problemas de memória, concentração e diminuição da *performance* no trabalho à dependência. Estima-se que o uso de alguns desses medicamentos por

---

2 https://noticias.r7.com/saude/brasil-consome-566-milhoes-de-caixas-de-calmantes-e-soniferos-03072019.

dois meses seja o suficiente para causar dependência em uma pessoa.

O Midazolam, por exemplo, é apontado por psiquiatras como altamente viciante, sendo recomendado apenas em alguns casos e por bem curta duração. Outros medicamentos, como o Flunitrazepam, apelidado de Boa Noite Cinderela, conquistou péssima fama social levando a alguns países, como os Estados Unidos, a proibi-lo.

Começarmos este capítulo com essas informações é importante para notarmos como o uso dos medicamentos, ainda que necessário em alguns casos, não vem sendo eficaz na resolução do adoecimento mental. Basta voltarmos ao capítulo 1 deste livro para lembrarmos os números de afastamento de trabalhadores por motivos de doenças mentais.

Outro fato importante para notarmos é que a busca pelo medicamento, muitas vezes, está relacionada a uma ideia, ainda que, às vezes, inconsciente, de que o adoecimento mental decorre de ações externas. Algo nos aflige e adoece, mas essa fonte adoecedora está fora de nós. Consequentemente, não é necessário trabalharmos nossas mentes e corpo, nosso interior. Se a doença é externa, sua cura também o será. Essa ideia é alimentada pela indústria farmacêutica que mais do que vender saúde, lucra com a doença.

Por isso, é necessário termos consciência de que os remédios agem sob os sintomas, não sob causas e, portanto, quando não acompanhados de procedimentos de prevenção e tratamento das causas, seus efeitos nunca livrarão o enfermo de sua doença por completo. Serão sempre um paliativo e a pessoa sempre um potencial doente.

Caminhos e armadilha do autoconhecimento

Para auxiliar você, caro leitor, a encontrar outras formas de cuidar de sua saúde mental, veremos neste capítulo, com mais atenção, algumas opções que podem ser feitas por iniciativas individuais ou no âmbito das empresas. Antes, contudo, voltemos a uma questão fundamental, sinalizada em diversas passagens deste livro: a necessidade de se investir na prevenção do adoecimento mental. Não podemos perder de vista que o desenvolvimento dessa enfermidade, com frequência, é silencioso e lento. A pessoa, no geral, não sai de uma condição de plena saúde mental e, em um sobressalto, ingressa em um estado de adoecimento mental.

Como vimos no Capítulo 2, essa é uma passagem que atravessa muitas camadas; uma condição que vai evoluindo de maneira com que uma pessoa, desconectada dos sinais de seu corpo e sua mente, não percebe o processo de adoecimento e, por conseguinte, não consegue agir de forma a coibir sua evolução.

Fato é que reconhecer os sinais que nosso corpo e mente transmitem-nos não é uma tarefa das mais fáceis. Todos os dias lidamos com inúmeras informações e demandas que dificultam que reservemos um tempo para ouvir com a atenção necessária o que nosso corpo e mente nos comunicam. Soma-se a isso o fato de não acessarmos 95% do nosso consciente no dia a dia, segundo os maiores especialistas do mundo em cérebro e cognição[3]. E o que isso significa exatamente? Bem, essa informação refere-se ao fato de, enquanto realizamos uma atividade, tendemos a focar nosso pensamento nela e com frequência ainda nos distraímos com mais um pensamento ou outra coisa, como um som ou uma pessoa. Mas, por outro lado, não dominamos de forma consciente um volume muito maior de sentimentos, acontecimentos e informações que nos acompanham.

Por exemplo, podem passar despercebidos os sentimentos que nos preenchem em determinado momento, as posturas e expressões que assumimos enquanto realizamos uma tarefa que nos concentra, podemos ignorar as texturas dos objetos que nos cercam, não termos consciência do ritmo de

---

[3] Reportagem intitulada "How big is the unconscious Mind?", transmitida pelo canal de notícias BBC. Disponível em: https://www.bbc.co.uk/programmes/p00pyhx2.

nossa respiração ou dos sons que estamos fazendo. Nesse momento, você pode estar se perguntando: como, então, é possível realizarmos a prevenção se nem temos acesso a todas as informações conscientes?

Reservar um tempo do dia, ainda que pequeno, como 30 minutos, e exercitar o autoconhecimento é uma ação que pode gerar diversos resultados importantes. Mas como e o que é preciso identificar para realizar a prevenção? E o que, efetivamente, pode ser feito para conter o adoecimento tendo em vista que não controlamos todo nosso organismo e, menos ainda, a dinâmica societária que nos adoece?

Habilidades para enxergar-se

Comecemos por refletir sobre como e o quê devemos monitorar para sermos capazes de identificar possíveis desgastes de nossa saúde mental. Bem, para que sejamos capazes de realizar essa identificação/monitoramento, precisamos "escutar" as mensagens transmitidas por nosso organismo; algo que nos exige disciplina e apuração de nossos sentidos. De forma análoga a um fotógrafo que no exercício de sua função deve, para além de dominar as técnicas, aprimorar seu olhar na captação da imagem e alcance do resultado desejado, precisamos apurar nossos sentidos para sermos capazes de captar suas mensagens e interpretá-las.

Com esse exercício, devemos também desenvolver o acesso à nossa informação consciente, buscando encontrar os gatilhos que nos motivam para que possamos acionar em momentos que precisamos sair da inércia e tomar atitudes que nos conduzam à superação dos processos de tristeza, depressão, raiva, medo e todos que nos incapacitam.

Reservar alguns minutos do dia é condição essencial para exercitar nosso autoconhecimento. Se você, ao ler essa assertiva, pensa de imediato que não tem tempo vago em sua rotina diária para realizar esse desafio, convido-o a refletir sobre suas prioridades e suas autossabotagens. Via de regra, todos podemos reservar ao menos 30 minutos do dia para desenvolver o autoconhecimento.

Ao empreender o esforço de enxergar a si próprio, precisamos buscar identificar questões que nos orientarão nas tomadas de decisões futuras, tais como: quais os gatilhos que alteram nosso humor? Como reagimos a situações difíceis como, por exemplo, pressão, abuso de autoridade e ansiedade? Quais os mecanismos que podem ser acionados para não sucumbir às pressões e às adversidades no trabalho? Como é possível coibir a evolução ou até mesmo reverter o adoecimento mental?

Quanto às formas de realizar esse exercício, veremos algumas possíveis; contudo, é importante que, ao ler essas sugestões, você compreenda que se tratam de possibilidades e não de regras ou, tampouco, de uma lista absoluta. Ao contrário, é preciso adequá-las às necessidades de seu corpo e mente; algo que você conseguirá fazer melhor à medida que for desenvolvendo o autoconhecimento. Um aspecto importante a ser mencionado é que as estratégias adotadas permitirão ao indivíduo assumir um protagonismo mais ativo sobre os rumos de sua vida, em substituição a uma ação reativa, ao passo que conseguir responder as perguntas anteriores e, com isso, desenvolver sua inteligência emocional e relacional.

Dito isso, vale reservarmos um tempo antes de adentrarmos à lista para refletirmos sobre o que seja inteligência emocional e inteligência relacional e sua importância na prevenção do adoecimento mental. Bem, a ideia de associar a "inteligência" a cada um desses atributos sugere o desenvolvimento das capacidades de compreender, analisar, planejar, adaptar-se e resolver problemas ou conflitos. Ou seja, trata-se sobre desenvolver as habilidades individuais para "ler" o seu entorno e conseguir agir da melhor maneira ao que se apresenta.

Ao associar essa ideia ao campo das emoções, o conceito refere-se ao desenvolvimento de habilidades que contribuem para que a pessoa viva melhor consigo mesma na medida em que consegue controlar seus sentimentos e administrar suas fraquezas, fortalezas e potências. As emoções influenciam nossa racionalidade e nos levam a tomar decisões que, sem sua influência, tenderíamos a seguir por outros caminhos, razão pela qual desenvolver a inteligência emocional seja tão importante. Outra dimensão dessa vantagem é o desenvolvimento da aptidão em operar os sentimentos que nos motivam, nos frustram e nos amedrontam/paralisam, de modo a acionar os sentimentos que nos estimulam e acalmam para reduzir os impactos daqueles que nos deprimem e estressam.

Numa relação de complementariedade, chegamos à ideia de inteligência relacional. Note que não se trata de um conceito em separado, mas sim de uma espécie de continuidade dessa inteligência, extrapolando a dimensão do "eu". Nessa perspectiva, a inteligência emocional é utilizada no relacionamento com o meio circundante e as pessoas inseridas nesse contexto. Ou seja, é a aplicação da inteligência emocional no convívio interpessoal e no modo como nos conectamos às pessoas.

Enquanto seres gregários, o convívio social é um componente intrínseco no desenvolvimento da humanidade e construção societária. Dominar a arte do convívio social é, por conseguinte, um feito que permite ao indivíduo reduzir conflitos e perdas em seu caminho, e até mesmo alcançar seus objetivos com maior facilidade. Essa habilidade está associada com o poder de influenciar, o dom de estabelecer conexões, de comunicar assertivamente e resolver conflitos. Juntas, as inteligências emocional e relacional permitem que a pessoa trilhe por caminhos mais leves, harmônicos e prósperos.

Feitas essas considerações, convido você a conhecer e experienciar alguns tratamentos que podem ser feitos a partir de esforços particulares e iniciativas livres, com potencial transformador de sua capacidade de resiliência aos estímulos nocivos do cotidiano e de criação de respostas mais assertivas. Comecemos por aquilo que no campo do esforço individual, sem maiores necessidades de apoio, podemos realizar.

Capítulo 8
ALGUMAS OPÇÕES DE TRATAMENTOS

Técnicas para não depender de ninguém

Muitas pessoas encontram em técnicas meditativas/de controle do corpo e da mente as condições necessárias para desenvolver o autocontrole e combater o estresse. Algumas das mais conhecidas são a meditação, a *mindfulness* e a yoga. A meditação pode variar de acordo com a tradição e a intencionalidade que se busca. Em linhas gerais, e reservada à particularidade de cada variedade, a meditação consiste em um exercício mental que permite ao praticante conectar-se ao seu interior, conduzindo-o ao autoconhecimento e autocontrole.

É muito comum ouvirmos que se trata de "esvaziar" a mente, ou seja, eliminar os pensamentos e, a partir desse ponto, livrar-se de emoções ruins. No entanto, parece mais apropriado entendermos a meditação como uma ferramenta para guiar e controlar a mente a manter-se conectada a um único pensamento, positivo e harmônico, abstraindo os demais pensamentos e sentimentos que os acompanham. O esforço é manter a mente nesse estado pelo maior tempo possível.

Esse processo requer maior esforço no início, mas, com a continuidade da prática, tornar-se-á mais fácil. Em analogia, podemos entender essa evolução como o adestramento de um animal, que antes, totalmente livre e sem comandos, age segundo seus estímulos e desejos, e depois segue as orientações que tornam suas ações mais apropriadas aos momentos e distantes de riscos.

Estudos indicam que uma pessoa que realiza meditação diária de 20 minutos, após dois meses de prática, apresenta resultados poderosos, dentre os quais se destaca o desenvolvimento de algumas regiões do cérebro, como o hipocampo esquerdo, responsável pelo aprendizado e memória; o córtex cingulado posterior, associado ao controle emocional e a recuperação da memória; a junção temporo-parietal, região associada à percepção e processamento das informações; o córtex pré-frontal dorso lateral, área que atua sobre nossa força de vontade, e que, portanto contribui, para superarmos hábitos ruins. Outra importante alteração no cérebro é a possibilidade de redução da amígdala cerebral, ligada aos sentimentos de medo, estresse e ansiedade, que acometem grande parte dos que sofrem de alguma disfunção mental.

Essas mudanças resultam em diversos benefícios, entre diretos e indiretos, que incluem ainda a melhora das emoções, com redução dos pensamentos negativos e das disfunções cerebrais, aumento da saúde e do bem-estar, além de aumentar a concentração e a *performance* cognitiva que, por sua vez, contribui para o aumento da resistência contra distrações e das habilidades cognitivas.

Embora seja mais convidativo, e até mais apropriado, realizá-la num ambiente que facilite sua prática, ou seja, calmo, com harmonizações (sonora e olfativa) e com algum conforto para que seja adotada a postura correta, é possível realizar a meditação em quase todos os lugares e momentos. Assim que logo dominar minimamente esse exercício, o praticante pode realizá-lo em seu trabalho sempre que sentir a necessidade.

A meditação e a *mindfulness* guardam muitas semelhanças entre si e podem, inclusive, servir ao desenvolvimento uma da outra. A *mindfulness* refere-se a uma atenção plena: a consciência sobre algo que acontece no ambiente externo (fora de nosso corpo) e interno (nosso corpo e mente). Aqui, o exercício é orientar a consciência para determinado foco, que pode ser um objeto, um som, um cheiro, uma sensação, uma respiração ou uma tarefa. A meditação é uma das práticas que auxiliam no desenvolvimento da capacidade plena de concentração, a que se destina a *mindfulness*, mas não se esgota nessa. Exercícios de respiração e uma variedade de outras técnicas que exercitam a atenção do indivíduo a determinado objeto/ sentimento/ acontecimento são empregadas.

A concentração é uma capacidade nata do ser humano que, no entanto, pode ser aprimorada com exercícios para expandir essa capacidade natural. A *mindfulness* é ainda mais fácil de ser praticada em qualquer ambiente, uma vez que o cerne do exercício está no desenvolvimento da habilidade de se concentrar em algo, o que pode ser feito em qualquer momento e utilizando qualquer foco desejado. Evidentemente, a prática aperfeiçoará a concentração do indivíduo.

Para quem nunca praticou *mindfulness* e trabalha sob pressão ou tendo que desempenhar múltiplas tarefas, essa proposta pode parecer ficcional e sem sentido. Por isso, é importante observarmos que, mesmo aqueles que executam muitas tarefas, excluindo raras exceções, concluem uma por vez. Ou seja, é especialmente oportuna para quem executa tarefas múltiplas ou com volumes excessivos de produção.

Mas não somente para esses grupos. A concentração plena serve a todos, indistintamente, seja porque contribui para a manutenção do foco e o alcance da disciplina necessária para execução de qualquer tarefa (acadêmica, laboral e outras), seja porque permite direcionar o foco para o que é essencial, evitando com isso dispersar energia com tudo que cause sofrimento, perturbação ou improdutividade.

Uma dimensão importante, e recorrentemente negligenciada, é a escuta ativa e cuidadosa. Pode parecer estranha essa afirmação, mas é muito comum profissionais que não escutam atentamente uns aos outros. Quem nunca, por exemplo, esteve em uma reunião ou em uma aula e sua mente o levou para outro lugar, quando deu por si, percebeu que perdera parte do que foi dito? Ou ainda, presenciou, ou protagonizou, uma situação em que o raciocínio de uma pessoa era interrompido sistematicamente? Essas são algumas atitudes de quem tem dificuldades em escutar. A falta de concentração na escuta implica, por exemplo, em "ruídos" nas informações, dificuldades nos relacionamentos, insegurança decorrente da falta de clareza do que é necessário realizar.

A *mindfulness* apresenta resultados rápidos e, em pouco tempo, a realização das tarefas fica mais ágil e fácil. Além disso, com a prática frequente é possível notar benefícios como o aumento da criatividade, a melhora da memória, a ampliação da capacidade de resolver problemas e a redução da fadiga e do estresse.

Outra prática muito eficaz, e conhecida, é a yoga, que igualmente tem relação com a meditação. O termo, de origem do sânscrito, significa união. Ainda que no ocidente seja, recorrentemente, praticada como um exercício, a yoga no oriente integra uma filosofia de vida na qual corpo, mente e a forma de relacionar-se estão intimamente ligadas e devem ser devidamente cuidadas.

Sua prática requer que o indivíduo ative sua consciência, controle suas emoções negativas (a exemplo da raiva, ciúmes, inveja e egoísmo) e mantenha bons pensamentos. Para chegar a esse estado, a yoga coordena exercícios de respiração, realizando a chamada respiração total e consciente, que permite ao praticante oxigenar melhor seu corpo, enquanto observa como seu corpo e sua mente respondem ao exercício. Nesse momento, o praticante é estimulado a observar seu corpo e estado mental, manter o foco e controlar os pensamentos, focando em algo positivo e abandonando tudo que não seja positivo. Lembremos que a respiração é uma ferramenta poderosa para estabilizar a emoção e não à toa é utilizada em diferentes técnicas.

Envolve, portanto, o desenvolvimento da capacidade do indivíduo para a "escuta e olhar" atentos sobre o funcionamento de seu corpo e mente, em um exercício que conjuga autoconhecimento com o controle do corpo, da mente e das emoções. Com o tempo, e na medida em que adquire mais prática, o indivíduo consegue reconhecer tudo aquilo (hábitos, crenças e sentimentos) que reduz sua potencialidade, passando a conseguir dominá-las e alterá-las em seu benefício.

A meditação, também presente na yoga, é um estado cujo cérebro e o sistema nervoso participam e interagem. Por essa razão, são recomendadas posturas que potencializem a circulação de trocas entre essas partes com o resto do corpo. Assim que, diferentemente da meditação e *mindfulness*, a yoga requer um local, mesmo que simples, para que a pessoa possa realizar as posturas indicadas.

Os benefícios alcançados com a realização contínua da yoga vão desde aqueles obtidos com as práticas da meditação e *mindfulness* até benefícios físicos, com maior vigor, equilíbrio e diminuição de dores.

Não entraremos em detalhes nas terapias e consultas psiquiátricas/psicológicas em razão de serem mais conhecidas e poderem desdobrar-se em uma variedade gigantesca. Mas, ainda que, nesse momento, não nos aprofundemos nos benefícios desses recursos, é importante lembrarmos que seus resultados são de grande impacto e, para alguns casos, essas opções são insuperáveis e necessárias.

Algumas de suas práticas, como, por exemplo, a aromaterapia, podem ser feitas com mais facilidade, a qualquer momento e em qualquer lugar, incluindo o ambiente de trabalho. Outras, como a psicanálise, hipnoterapia, demandam que o indivíduo tenha recursos (plano de saúde, capital financeiro ou conhecimento sobre atendimento popular ou gratuito) para que possa cuidar de sua saúde utilizando esses meios. Diante dessa realidade, as empresas que ofertam planos de saúde com acesso a esses atendimentos, ou que por oferta direta oportunizam a consulta dos funcionários, destacam-se no mercado e, para além disso, beneficiam-se com os resultados de produtividade e fidelidade de seus funcionários.

Mas, diante do desconhecimento e preconceito sobre uma dessas terapias, que apresenta por importantes Conselhos Federais, como os de Medicina, Psicologia e Terapia Ocupacional, cabe reservarmos um tempo para conversar sobre a hipnose. Trata-se de um método terapêutico capaz de alterar o nível de consciência do paciente, liberando as memórias reprimidas no inconsciente.

É considerada como uma das ferramentas mais rápidas no tratamento do adoecimento mental e, por isso, é bastante recomendada para o meio corporativo para o qual a recuperação rápida é desejada. Para se ter uma ideia de sua eficácia, estudos indicam que com apenas seis sessões o índice de recuperação é de 93%, valor acima de 72% obtidos após 22 sessões de terapia comportamental. Ou seja, não somente os resultados são maiores, mas também se chega a eles em menor tempo.

Outro investimento eficaz, e que dá aportes valiosos ao processo de autoconhecimento, é o eneagrama. Essa é uma ferramenta oriental milenar, que foi trazida ao ocidente em meados da primeira metade do século XX pelo filósofo armênio George Ivanovich Gurdjieff e poucas décadas depois o psiquiatra chileno Claudio Naranjo desenvolveu o conhecimento atual sobre os eneatipos.

Trata-se de mapear a personalidade do indivíduo e levar ao nível da consciência os padrões construtivos e destrutivos de seu comportamento. O processo para a compreensão de sua personalidade pode levar apenas alguns dias, quando o indivíduo será capaz de elaborar um diagnóstico.

O eneagrama trabalha os tipos de personalidade utilizando um triângulo que reúne três pilares, que representam as características mais expressivas da personalidade de cada um. No eneagrama, o indivíduo deve identificar nove eneatipos e, junto a eles, os fatores que motivam cada um, as paixões e os vícios emocionais inconscientes, as ideias fixas e os mecanismos de defesa. Ao final, o indivíduo adquire maior clareza sobre os aspectos mais positivos e mais negativos de sua personalidade, podendo, a partir disso, trabalhá-los de modo a potencializar os que o favorecem e controlar os que lhe prejudicam.

A intenção dessas indicações, novamente, não é apresentar ao leitor um cardápio inesgotável, mas, sim, descrever algumas ações cujos resultados trazem enormes benefícios e que podem ser feitas sem depender de terceiros ou mesmo de um volumoso capital financeiro.

As pessoas são parte do patrimônio da empresa

Não é novidade alguma que muitos profissionais e teóricos do campo da Administração de Empresas e áreas afins defendam que o sucesso e a sustentabilidade em longo prazo da empresa se devam ao seu capital humano. Tratamos um pouco sobre esse assunto no Capítulo 4, mais especificamente em *A relação empresa X trabalhadores ao longo dos tempos*, ao analisar como a relação entre empresa e trabalhadores vem alterando-se ao longo dos anos.

Nesse momento, vocês são convidados a refletir sobre a necessidade de alterar-se a cultura organizacional da empresa como condição fundamental para criar ambientes mais saudáveis. Discutir esse tema aqui, neste capítulo, não é à toa. Com isso, quero ressaltar que pouco (ou mesmo nada) surte efeito quando uma empresa investe em benefícios para cuidados da saúde mental de seus funcionários mantendo a mesma cultura organizacional adoecedora.

Peter Drucker apresenta-nos algumas ideias esclarecedoras para entendermos os efeitos adoecedores da cultura organizacional e a necessidade de a alterar, ainda que seu foco não seja o mesmo que o nosso interesse neste livro. Sua preocupação era com a longevidade e a sustentabilidade em longo prazo da empresa. Nesse ponto, e considerando os diferentes focos, é possível afirmar que a cultura organizacional pode evitar (ou ao menos reduzir) tanto o erro de cálculo na definição da reserva de um excedente, capaz de assegurar a vida da empresa em longo prazo mesmo diante de eventos extraordinários, quanto o erro de cálculo que resulta da negação dos prejuízos advindos do adoecimento mental dos trabalhadores.

As repercussões da cultura empresarial são diversas. Vejamos alguns exemplos a partir da contribuição de Drucker. Em 1983, Drucker alertava para um fenômeno que se tornara comum nas empresas, o qual veio a chamar de "efeito cobiça" e que exemplificou citando a prática dos altos salários de alguns executivos.

Outro aspecto importante, especialmente para nós, é o fato dessa prática tender a criar uma atmosfera de competitividade e impregnada de inveja, dado que os funcionários que não ocupam o topo da pirâmide na empresa, por melhores e mais dedicados que sejam, nunca gozarão de uma recompensa na mesma proporção desses altos cargos.

Demonstrar o quanto são preparados, fiéis e dedicados torna-se, para alguns, o meio pelo qual pretendem galgar status que lhes recompense melhor. E se for preciso prejudicar outros companheiros de trabalho, farão do mesmo jeito; afinal, seus objetivos passam a destacar-se dos demais e a se aproximarem do grupo seleto que goza de benefícios.

Como consequência da desigualdade salarial entre líderes e liderados e dos sentimentos negativos gerados nos últimos, facilmente começam a ocorrer desunião e desmotivação entre a equipe que, mesmo inconscientemente, já se nota desunida pelas condições diferenciadas a que é submetida. Os efeitos ruins, tomando apenas uma prática como exemplo, são diversos e incalculáveis em todas as suas dimensões. Por isso, não nos interessa um registro completo de todos, mas sim um apontamento de algumas para ilustrar a capacidade de expansão do problema e suas implicações na saúde mental dos funcionários.

Voltando às contribuições de Drucker, o autor defende que, acima de tudo, uma empresa é uma entidade social e, como tal, os gestores devem conjugar preocupações mercadológicas com as relacionadas aos aspectos sociais. Cabe notar a aproximação das ideias de Drucker, notável pensador do campo da Administração, com outros renomados e influenciadores estudiosos da área no que diz respeito à necessidade de as empresas adotarem um modelo de administração holístico e focado nas pessoas.

Segundo a corrente que defende esse modelo, os que administram uma empresa devem considerar os valores sociais e humanos e organizar sua equipe instituindo uma espécie de organização social para que atuem coletivamente. Essa organização social deve ser orgânica.

Você pode estar se perguntando como exatamente. À semelhança de um organismo vivo, as partes de uma empresa devem funcionar operando de forma interligada para que o todo funcione bem; devem ser adaptáveis e não lineares, ou seja, o valor da empresa não deve estar focado em uma parte hierarquicamente privilegiada, mas no bom funcionamento e interação das partes.

O termo Organização Orgânica exprime esse conceito de empresa. Para citar algumas de suas características, podemos dizer que estamos diante desse modelo de empresa quando ela evita estruturas hierárquicas e em seu lugar estabelece setores que atuam em cooperação; formas de distribuição de tarefas são criadas e a centralização de poder é abolida; processos de valorização dos talentos, de criação de ideias e de sugestões são adotados não como momento extraordinário, mas como práxis de produção laboral; e a comunicação faz-se por mecanismos bidirecionais, evitando ruídos e otimizando a resolução de problemas.

Orientando a empresa por esses valores e cultura, a competitividade e a inveja entre as pessoas perdem força porque o trabalho de cada um é visto como único, como importante e, como consequência, é devidamente valorizado. A autonomia para realizar o trabalho eleva a autoestima do funcionário e o mantêm animado e criativo para desempenhar suas funções. Nesse modelo, a função do gestor/do líder é reorientada para desenvolver as habilidades de sua equipe e a mantê-la alinhada, motivada e imbuída do espírito da solidariedade. Nesses termos, a empresa passa a ser um todo regido por uma solidariedade e valorização social com estímulo ao trabalho em equipe e desenvolvimento da consciência coletiva quanto ao papel complementar de cada um no funcionamento do corpo social da empresa.

É possível ainda reelaborar no sentido de expandir a ideia de "responsabilidade social", que na atualidade tornou-se um sinônimo de uma série de investimentos que as empresas fazem junto a agentes externos (comunidades do entorno, grupos atingidos por suas operações etc.) para evitar e mediar conflitos, ou ainda reparar impactos negativos. Desenvolver uma cultura laboral pautada nas premissas da Organização Orgânica é empreender esforços voltados para a responsabilidade social junto ao público interno (funcionários/colaboradores) da empresa, direcionando parte de suas preocupações para dentro de si, entendendo que as pessoas são recursos estratégicos e verdadeiros patrimônios de qualquer organização.

Encerro essa reflexão com a ideia defendida pelo autor de *O2 - Organizações Orgânicas, um guia para revolucionar a gestão e liderar as equipes do século XXI* (2012), Renan Carvalho, com a qual constata que, quando uma parte significativa dos trabalhadores sente-se infeliz em seu ambiente de trabalho, as Organizações Orgânicas podem servir como antídotos à doença corporativa que a cultura empresarial criou.

Investimentos possíveis para empresas de todos os tamanhos

Passemos agora para algumas práticas que todas as empresas deveriam adotar e nós, indivíduos, igualmente em nossos ambientes domésticos, a ergonomia. Embora a ergonomia não guarde uma relação estreita e direta com o adoecimento mental, é sabido que essa é uma ferramenta importante na prevenção de adoecimentos físicos e dores e que acometimentos no corpo físico podem contribuir com o adoecimento mental. Então, vamos entender um pouco melhor sobre o que falamos ao reforçar a importância da ergonomia!

A ergonomia é uma ferramenta que vai além do uso de móveis adequados para reduzir o desgaste do corpo e auxiliar na manutenção da postura correta. O mais indicado é entendê-la como um conjunto de tecnologias que garantem conforto, segurança e produtividade do indivíduo em seu ambiente de trabalho e/ou domiciliar/escolar. Diz respeito, portanto, à adequação do ambiente físico, mas também pode aplicar-se à mente, ao que alguns chamam de ergonomia do corpo e do cérebro.

Ao trabalhar nessa perspectiva, as organizações devem atentar-se também para as condições que garantem a saúde emocional e mental de seus funcionários, como, por exemplo, evitar a sobrecarga de trabalho de seus funcionários, as multifunções e o tempo prolongado, e sem intervalo, utilizando uma mesma máquina ou realizando uma mesma tarefa. Na atualidade, grande parte dos trabalhadores passa muitas horas de seu dia em frente aos computadores, mantendo uma fixação visual na tela por tempo prolongado, o que pode gerar problemas na visão, fadiga e sobrecarga mental.

Para reduzir os impactos negativos do trabalho, é importante que a empresa invista tanto nos equipamentos adequados, que nesse caso poderia incluir apoios para os pés, cadeira adequada (confortável e regulável) e proteção de tela do computador, para citar alguns elementos, mas também considerar intervalos que permitam aos seus colaboradores descansar seus corpos e mentes das tarefas que realizam por horas, ou ainda estabelecer uma alternância de tarefas, nos casos possíveis.

Algumas empresas de maior porte podem ainda oferecer serviços de *spa* para os funcionários, oferecendo yoga, massagens ou alongamento, por exemplo. Embora para alguns esses tipos de benefício seja um gasto a mais para a empresa, o fato é que os funcionários se sentem mais motivados em trabalhar em empresas que lhes proporcionam benefícios e bem-estar, além de impactar positivamente na produção dos trabalhadores, revelando-se, portanto, um ótimo investimento.

Outro apoio que pode ser ofertado pelas empresas, e que pode ser feito por movimentos particulares, é em esportes e exercícios físicos. Alguns edifícios empresariais contam com ambientes de *spa* e academia para uso dos funcionários das empresas locais. Quando o prédio não conta com essa área, um espaço dentro da empresa pode ser reservado a esse fim, ou ainda um valor adicional ao salário pode ser ofertado para realização de esportes ou atividades físicas, individuais ou coletivas. No caso das atividades coletivas, sua prática deve ser direcionada para melhorar a integração dos funcionários, a solidariedade e a comunhão.

Outra opção que apresenta bons resultados é a disponibilidade de uma sala para relaxamento para descanso dos profissionais, ou seja, um ambiente agradável, harmonioso a que o funcionário pode recorrer para desestressar ou descansar; acabar com a fadiga.

Atividades periódicas de palestras, jogos e/ou dinâmicas de grupo também são ferramentas interessantes, apesar de isoladamente serem de baixo impacto, ou seja, sua permeabilidade é superficial. Os colaboradores saem desse tipo de evento motivados, alguns choram, alguns gritam e parece até que algo mudou, mas infelizmente, na grande maioria dos casos, após uma semana, tudo volta a ser como antes, não porque o colaborador quer, mas porque suas percepções de Mundo são interpretadas de vivências e crenças limitantes, que o mesmo carrega por toda sua vida.

Então, esse tipo de dinâmica isolada pode não ter poder de atingir o subconsciente ou inconsciente do colaborador e ficar somente no campo consciente, o que dificulta a elaboração e perlaboração. Porém, quando associada a outros investimentos de prevenção e cuidados com a saúde mental, torna-se ferramenta valiosa. Isso porque, além de romper com a dinâmica de trabalho, que é em si um fator potencial para o adoecimento, essas atividades descontraem os funcionários; permitem a promoção da integração; despertam o interesse pelo autoconhecimento e trazem à luz da consciência informações importantes que, embora por si só não gerem a cura, direcionam o indivíduo para ela.

No campo disciplinar da saúde, uma metodologia que vem ganhando atenção é a Neurometria que, resumidamente, consiste em verificar o estado neurológico e fisiológico do indivíduo para auxiliar o diagnóstico e as terapias mais apropriadas. Em outras palavras, podemos entender a função da Neurometria como sendo a de mensurar as reações neurofisiológicas e cerebrais que ocorrem no organismo, baseando-se na variabilidade do sistema nervoso autônomico.

Segundo a Sociedade Brasileira de Neurometria Funcional, o termo NEURO-PNL é a associação da aplicação prática do sistema nervoso na tela do computador em conjunto com técnicas e ferramentas da programação neurolinguística. Isso amplifica significativamente a eficiência e o resultado, abrindo novas fronteiras e possibilidades no desenvolvimento do comportamento humano.

Sabe-se que muitas doenças modernas são resultado de disfunções neurobiológicas, bem como originadas ou agravadas por problemas de comportamento e estilo de vida. Uma vez que o adoecimento mental resulta de causas diversas, o que complexifica o tratamento, não podemos depender apenas dos medicamentos para alcançar os resultados desejados, ou seja, a plena saúde mental.

A complexidade da vida moderna faz com que a definição do estado real e ideal do equilíbrio mental de uma pessoa seja cada vez mais complexo de ser definido. O equilíbrio emocional, inclusive, não é um estado imutável e estático; ao contrário, é impermanente e suscetível às influências do cotidiano, tal como às exigências, às mudanças na rotina e estilo de vida, ao estresse (físico/emocional), dentre outras. Para sanar tal inconstância, e para que sejamos conduzidos à realização de nossos objetivos, é imprescindível atingir o ponto de equilíbrio.

Afastar o desequilíbrio é fundamental. Não podemos ser surpreendidos por mudanças repentinas em nossas faculdades psicológicas e corporais. Isso nos prejudica em tomadas de decisões, realizações de experimentos e controle das emoções.

As tecnologias associadas às verificações físicas, mentais e comportamentais mostram-se grandes aliadas dos profissionais que lidam com o desenvolvimento da excelência e da alta *performance* pessoal e profissional. Inclui-se nesse bojo a neurometria funcional, a partir da qual, com o uso de *softwares* modernos e precisos, é possível avaliar, comprovar e definir, em tempo real, o melhor tratamento para cada pessoa.

Outra técnica possível de ser empregada no tratamento de disfunções chama-se *Neurofeedback*, cujo objetivo é melhorar o funcionamento cerebral por meio da neuromodulação autorregulatória. De forma progressiva e eficaz, o *Neurofeedback* promove a melhora na atenção, no foco, na aprendizagem, no sono, na memória e na regulação emocional, diminuindo sintomas de estresse, depressão, irritação e ansiedade.

Inicialmente são identificadas possíveis desregulações na atividade de áreas e estruturas do cérebro que permitam determinar, de forma objetiva, a natureza do comprometimento, confirmando ou não diagnósticos eventualmente recebidos. A partir daí, o primeiro passo é a realização do mapeamento das ondas cerebrais por eletroencefalografia (EEG) e, com base nesses dados, nas queixas do paciente e nos objetivos, é definido um plano de treinamento individualizado, específico e particular a cada indivíduo.

Após construído o plano de treinamento, são realizadas sessões agradáveis e interativas. Os treinos são feitos de forma confortável, sentado em uma poltrona assistindo vídeos, jogando ou fazendo tarefas como leitura, jogos de memória e de atenção. Durante todo o tempo são emitidos *feedbacks* e reforços sonoros e visuais para induzir o tratamento.

Sem querer reduzir a importância das ferramentas listadas até aqui, tampouco sugerir a nulidade de uma em detrimento de outra forma de tratamento, cabe observarmos formas como as empresas podem, adicionalmente, investir na saúde mental de seus funcionários. Lembremos que os benefícios ofertados, na maioria relativamente simples e extremamente valiosa, apresentam-se como um diferencial para as empresas que lhes ofertam e, mais importante, culminam no alcance de resultados mais elevados em termos de produtividade e mesmo de lucratividade, fatores importantes no universo corporativo.

Já discutimos neste livro o fato de o adoecimento físico e mental de um colaborador render às empresas custos diretos, causados, por exemplo, pelo absenteísmo ou troca de profissionais; e custos indiretos, causados pela perda da produtividade, por exemplo. Apesar disso, a maioria das empresas não reconhece esses prejuízos e não tem uma política para evitar os tais prejuízos.

Empresas com políticas de cuidado com a saúde de seus colaboradores estão entre as mais competitivas e bem-sucedidas. Mas, sendo esse fato uma realidade divulgada por organizações e pessoas renomadas, por que as empresas não adotam políticas de cuidado com a saúde? Bem, uma questão embrionária é a cultura organizacional, ainda muito voltada para uma gestão técnica e humana que desconsidera a importância da saúde na prosperidade da empresa.

Essa cultura é limitada em sua abordagem e muito impregnada de preconceitos, mantendo certo estigma com relação ao adoecimento de seus funcionários, sobretudo quando o assunto é adoecimento mental. Há ainda a questão de muitas empresas investirem de forma limitada na saúde de seus funcionários sem articular alguns benefícios oferecidos a uma ação mais holística, que envolva a revisão da relação entre empregadores e colaboradores, chefes e subordinados, ações de prevenção e de tratamento.

Ao falar de política de saúde no âmbito do mundo corporativo, refiro-me a um modelo de gestão que invista em uma melhoria contínua das relações interpessoais, o engajamento e a valorização dos colaboradores, cuidados com o ambiente físico – de modo a evitar acidentes, adoecimento e que promova harmonia e tranquilidade – organização mais eficaz e menos conflitiva do trabalho e gerenciamento da saúde. Vejamos o esquema a seguir, elaborado pela OMS, sobre o que é preciso para se ter um ambiente de trabalho saudável.

Figura: Esquema de um ambiente de trabalho saudável.

Fonte: OMS, 2010.

Você pode estar se perguntando como iniciar a construção desse modelo. Bem, um caminho possível e recomendado é pela inauguração de um Programa de Saúde Mental, a partir do qual a empresa estabelecerá suas ações de prevenção, de cuidados, de tratamento e uma cultura de saúde. Para que forneça melhores resultados é indicado que, desde a sua construção, participe toda a comunidade da organização, ou seja, independentemente de nível hierárquico, todos os funcionários devem poder contribuir com ideias e opiniões.

O Programa de Saúde Mental pressupõe ações integradas, contínuas e holísticas, estruturado a partir de três pilares: a prevenção, a identificação precoce do adoecimento e no apoio e reabilitação. Seu foco não é apenas o tratamento de uma disfunção ou doenças; ao contrário, volta-se ao diagnóstico e à prevenção com a mesma atenção, pois se sabe que os esforços proferidos em prevenção são menos dispendiosos e repercutem mais sucesso do que o tratamento.

Isso não significa dizer que com o tratamento não é possível uma cura, ou ao menos a reintegração do profissional no mundo do trabalho de uma forma produtiva e saudável. Mas é consensual o fato de os investimentos em prevenção serem indicados porque a partir desses é possível evitar o adoecimento e com isso todo o tempo e gasto, mais longo e maior, que os tratamentos de cura exigem.

Medidas de prevenção do adoecimento, portanto, devem ser inseridas como estruturante no Programa de Saúde Mental. Essas iniciativas de prevenção, segundo recomendação da OMS, devem atuar em três níveis diferentes: (a) primário, voltado para a sensibilização e educação de toda a equipe, independentemente do nível hierárquico, pautadas por um código de ética e combate ao assédio moral; (b) secundário, momento em que são disponibilizados serviços de escuta e mediação de conflito; e (c) terciário, que consiste na realização de um diagnóstico sobre a saúde de seus colaboradores e gestores e demais funcionários.

Para definir as ações mais assertivas e evitar gastos desnecessários, é importante estabelecer uma dinâmica de avaliações contínuas que permita identificar os funcionários que gozam de boa saúde física e mental, os que apresentam indícios de adoecimento e os que manifestam alguma disfunção e doença.

Ao adotar essa avaliação, as empresas podem dividir os funcionários em dois ou três grupos com perfis distintos e utilizar os recursos mais adequados para aportar a recuperação da saúde mental de cada grupo. Aos que gozam de plena saúde, as ações devem focar, sobretudo, na prevenção. Para esses, o Programa pode ofertar as ações de prevenção (de primeiro e segundo níveis), atividades físicas e de relaxamento, ciclo de palestras e *workshops* temáticos sobre resiliência, bem-estar emocional, liderança e gerenciamento de estresse e um Sub-Programa de Gestão do Estresse e Bem-Estar, que podem incluir ações como *home office*, horário flexível de entrada e saída do trabalho, direito à licença maternidade estendida para mães e pais, estrutura *kid friendly* – em empresas com estrutura que lhes permita esse investimento – e vale academia, dentre outras possibilidades.

Aos que se encontram com a saúde mental fragilizada, além das possibilidades anteriores, podem receber atendimento psicológico (presencial e remota), atividades de gerenciamento de estresse, apoio psicossocial pontual e oficinas motivacionais.

Para os funcionários adoecidos e com alguma disfunção, são aconselháveis ações adicionais para combate ao tabagismo e alcoolismo; um Programa de Apoio ao Empregado, para apoio psicológico, financeiro, jurídico e social – a depender do tipo de necessidade de cada colaborador – hipnoterapia e técnicas de psicoeducação, que visam ensinar o colaborador a identificar os gatilhos que originam estresse e ansiedade, assim como possíveis formas de os combater.

É importante que sejam realizadas avaliações de resultados para aferi-los, identificar a necessidade de ajustes eventuais e poder agir para tornar o processo mais eficaz. Para contribuir tanto com a fase de diagnóstico, quanto para a avaliação de resultados, podem ser construídos indicadores para monitorar a saúde mental dos funcionários, considerando informações como faltas, gastos com convênios, licenças médicas, pesquisas de satisfações do ambiente de trabalho, reclamações ao departamento de recursos humanos e a instâncias superiores, dentre outros.

O propósito do Programa de Saúde Mental é, portanto, melhorar a qualidade de vida dos colaboradores, aumentar sua produtividade e, em consequência, aumentar os lucros das empresas. Como vimos, as opções de ações são muitas e podem ser empregadas por qualquer tipo e tamanho de empresa, basta que haja uma conscientização da importância de empreender ações de prevenção e apoio a saúde mental de seus funcionários.

Espero que, ao chegar neste ponto do livro, você, caro leitor, esteja convencido da importância de cuidar de sua saúde mental e de seus colaboradores, caso tenha. Mais do que isso, desejo que se lembre de que a condição tanto de saúde, quanto de doença, é impermanente, ou seja, diante da saúde mental plena, mantenha cuidados preventivos e no adoecimento saiba que com tratamento é possível encontrar a cura, ou ao menos, uma condição que lhe permita viver melhor, com menos sofrimento e mais capacidade de amar.

REFERÊNCIAS

AMARANTE, Paulo. *Saúde mental e atenção psicossocial*. Rio de Janeiro: Fiocruz, 2007.

ARRUDA, Michael. *Desbloqueie o poder de sua mente: programe o seu subconsciente para se libertar das dores e inseguranças e transforme a sua vida*. São Paulo: Gente, 2018.

BOUYER, G. C. *Sofrimento social e do trabalho no contexto da área "saúde mental e trabalho"*. Departamento de Engenharia de Produção - DEENP/ USP. São Paulo, 2014.

BRASIL. Ministério da Saúde. Secretaria de Atenção à Saúde. Departamento de Ações Programáticas e Estratégicas em Saúde Mental / Ministério da Saúde, Secretaria de Atenção à Saúde, Departamento de Ações Programáticas Estratégicas. *Caderno HumanizaSus*, Brasília: Ministério da Saúde, 2015.

BRASIL. 8ª Conferência Nacional de Saúde. *Relatório Final*. Brasília: Ministério da Saúde, 1986.

BRASIL. Secretaria de Previdência. *1º Boletim Quadrimestral sobre Benefícios por Incapacidade*. Brasília: Ministério da Fazenda, 2017.

CARVALHO, Renan. *O2 - Organizações orgânicas: um guia para revolucionar a gestão e liderar as equipes do século XXI*. Nova Letra, 2012.

CLOT, Y. *Trabalho e poder de agir*. Belo Horizonte: Fabrefactum, 2010a.

CLOT, Y. Trabalho e sentido do trabalho. In: FALZON, P. (Org.). *Ergonomia* (pp. 265-280). São Paulo: Edgard Blücher, 2007b.

DIAS, Elizabeth Costa (org.). *Doenças relacionadas ao trabalho: manual de procedimentos para os serviços de saúde*. Brasília: Ministério da Saúde do Brasil, 2001.

DRUCKER, Peter F. *50 casos reais de administração.* Biblioteca Pioneira, 1983.

DRUCKER, Peter. *O gestor eficaz.* 11.ed. LTC, 1990.

MAENO, M.; CARMO, J. C. *Saúde do trabalhador no SUS: aprender com o passado, trabalhar o presente, construir o futuro.* São Paulo: Hucitec, 2005.

MARX, K.; ENGELS, F. *A ideologia alemã.* São Paulo: Hucitec, 1984.

MARX, Karl. *Manuscritos econômico-filosóficos.* Título original: Ökonomie-philosophische Manuskripte. Tradução, apresentação e notas de Jesus Ranieri. São Paulo: Boitempo, 2008.

MILLER, T.; SWARTZ, L. Clinical psychology in general hospital settings: Issues in interprofessional relationships. *Professional Psychology: Research and Practice*, v.21, n.1, 1990.

MILLS, P. R,; KESSLER, R. C; COOPER, J.; SULLIVAN S. Impact of a health promotion program on employee health risks and work productivity. *Am J Health Promot.* V.22, n.1, p. 45-53, 2007.

ORGANIZAÇÃO MUNDIAL DA SAÚDE. *Classificação de transtornos mentais e de comportamento da CID-10: descrições clínicas e diretrizes diagnósticas.* Tradução Dorgival Caetano. Porto Alegre: Artes Médicas, 1997.

QUEIRÓZ, Ana Paula Ruas. *Organização do Trabalho e Adoecimento Psíquico: Relação entre Saúde Mental e Trabalho.* Belo Horizonte: Fundação João Pinheiro, 2015.

SALIBI NETO, José; MAGALDI, Sandro. *Movidos por ideias. Insights para criar empresas e carreiras duradouras.* Elsevier, 2010.

Sites:

Agência para a Segurança e Saúde no Trabalho. *Riscos psicossociais e estresse no trabalho.* Disponível em: <https://osha.europa.eu/pt/themes/psychosocial-risks-and-stress>. Acesso em: 03 de nov. de 2020.

ANTUNES, Ricardo. Trabalho e precarização numa ordem neoliberal. In: GENTILI, P.;FRIGOTTO, G. (Orgs). *A cidadania negada: políticas de exclusão na educação e notrabalho.* São Paulo: Cortez, 2001, p. 35-48. Disponível em: <http://biblioteca.clacso.edu.ar/ ar/libros/educacion/antunes.pdf>. Acesso em: 24 de out. 2019.

BARRIOS, Alfred A. *Psychotherapy: theory, research and practice (spring, 1970 issue) Hypnotherapy: a reappraisal.* Disponível em: <http://www.stresscards.com/hypnotherapy_reappraisal.php>. Acesso em: 03 de nov. de 2020.

ORGANIZAÇÃO MUNDIAL DA SAÚDE. *Healthy workplaces: a model for action. For employers, workers, policy-makers and practitioners*, 2010. Disponível em: <www.who.int>. Acesso em: 03 de nov. de 2020.